विजय तेंडुलकर रंगमंच की दुनिया का एक अपरिहार्य नाम। नाटककार के रूप में मराठी में ही नहीं, हिन्दी सहित भारतीय भाषाओं में भी वे सुविख्यात हैं। समाज व्यवस्था में मनुष्य की इयत्ता तलाश कर आईने के रूप में मंचों पर प्रस्तुत करने की उनकी अद्भुत कला का लोहा सबने माना है। देश के विशिष्ट नाट्य दिग्दर्शकों और फ़िल्म निर्देशकों ने उनकी पटकथा और संवाद-लेखन को उत्कृष्ट और प्रभावी पाया है।

कमला विजय तेंडुलकर का चर्चित नाटक है। इस नाटक में उन्होंने स्त्री और पुरुष दोनों की विवशता का जीवन्त चित्रण किया है। स्त्री की स्थिति अधिक दयनीय है। अच्छे घर में ब्याहने के बावजूद वह पुरुष-सत्ता से बँधी है। उधर ग़रीबी, अशिक्षा और मजबूर स्त्री बाज़ार में बेची जाती है। उसकी स्थिति और विवशता रोंगटे खड़े कर देती है। साथ ही पूँजीवादी अर्थव्यवस्था में पुरुष अनचाही स्थितियों का शिकार हो जाता है। पत्रकारिता जगत् की सनसनीखेज ख़बरों पर सवार होकर अपना अस्तित्व बढ़ाने के लिए संघर्ष करता पत्रकार व्यवस्था के कठोर पाटों के बीच पिसता है। वह नौकरी से हाथ धो बैठता है, क्योंकि व्यवस्था शोषण की बुनियाद में होती है और पत्रकार जो ख़बर निकालकर लाता है वह व्यवस्था के ख़िलाफ़ चली जाती है।

विजय तेंडुलकर घटनाओं की गतिशीलता और संवादों की जीवन्तता का अद्भुत समन्वय कर अपनी नाट्यकृति को विशिष्टता सौंपते हैं। उनका नाट्य-लेखन इतना सार्थक होता है कि नाटक पढ़ते हुए भी रंगमंच पर देखने जैसी आनन्द की अनुभूति होती है। *कमला* इस बात का जीवन्त उदाहरण है। मराठी नाटक *कमला* का दामोदर खड़से द्वारा किया गया अनुवाद प्रस्तुत है।

कमला

विजय तेंडुलकर

अनुवाद

दामोदर खड़से

वाणी प्रकाशन

प्रकाशन के उत्कृष्टतम 60 वर्ष

प्रथम संस्करण : 2023

vaniprakashan.com

वाणी प्रकाशन
4695, 21-ए, दरियागंज, नयी दिल्ली-110 002
फ़ोन : +91 11 23273167, 23275710

शाखाएँ
अशोक राजपथ, पटना-800 004, बिहार
कॉफ़ी हाउस कैम्पस, महात्मा गांधी मार्ग, इलाहाबाद-211 001, उत्तर प्रदेश
महात्मा गांधी अन्तरराष्ट्रीय हिन्दी विश्वविद्यालय, वर्धा-442 001, महाराष्ट्र
36/ए, शेक्सपियर सरणी, रानी बिरला गर्ल्स कॉलेज के पास, कोलकाता-700 017, प. बंगाल
sales@vaniprakashan.in
vaniprakashan@gmail.com

Kamala
by Vijay Tendulkar
Translated by Damodar Khadse

ISBN : 978-81-19014-81-1
Play

मूल्य : ₹ 125

आर. टेक ऑफ़सेट प्रिंटर्स, दिल्ली-110 032 में मुद्रित

वाणी प्रकाशन का लोगो मक़बूल फ़िदा हुसेन की कूची से

अंक पहला

[सुबह।
दिल्ली के नीति बाग़ के सम्पन्न इलाक़े का एक छोटा बंगला।
ड्राइंग रूम।
यहाँ जयसिंह जाधव एक अंग्रेज़ी अखबार में असोसिएट एडिटर के रूप में काम करने वाला प्रसिद्ध युवा पत्रकार रहता है। परदा उठता है तब जयसिंह की पत्नी के. सरिता के चाचा फ़ोन पर बात कर रहे हैं। मूलरूप से सरदार घराने पर गाँधी जी से प्रेरणा पाकर सादा जीवन जीने वाले साठ के आसपास के व्यक्ति।]

काका साहब : *(फ़ोन पर)* हैलो, कौन चाहिए आपको? हाँ, जयसिंह जाधवज हाउस। वे बाहर गाँव गये हैं। ही इज नॉट इन दिल्ली, गॉन अवे। आज आयेंगे शायद। आज आयेंगे। फ़ोन करो। कल करना, कल।

[सरिता ब्रेकफास्ट लेकर आती है।]

सरिता : *[ब्रेकफास्ट डायनिंग टेबल पर रखते हुए]* कौन था, काका साहब?

काका साहब : ऐसा है। मैंने पूछा नहीं। उसने बताया नहीं। क्या करना है नाम का? करेगा कल फ़ोन।

सरिता : जो, फ़ोन आते हैं, उन्हें मुझे लिखकर रखना होता है।

काका साहब : तबसे तीन तो मैंने ही उठाये। कितना लिखकर रखेगी? ज़रूरी रहा तो नाम बताता ही है। जो नाम नहीं बताते वे ग़ैर-ज़रूरी हैं यह तो मान लेना चाहिए।

सरिता : यह हुआ आपका नियम। इनका नियम अलग है। नाम नहीं बताया तो 'पूछा क्यों नहीं' कहकर गुस्सा करते हैं।

[फ़ोन बजता है। सरिता जाकर उठाती है।]

सरिता : आप कीजिए काका साहब शुरुआत। मैं अभी आयी। *(रिसीवर में)* हैलो–मैं मिसेस जाधव बोल रही हूँ। नमस्ते जी। नहीं, वे अब तक आये नहीं हैं। कह कर नहीं गये। आपका अगर कोई काम हो तो...प्रेस कॉन्फरेंस? कल शाम छह बजे प्रेस क्लब। अच्छा जी। मैं मैसेज दूँगी। आपका शुभ नाम? थैंक यू। बाय

[पैड पर नाम लिखती है। फ़ोन फिर बजता है।]

[फ़ोन लेते हुए] हाँ जी, जयसिंह जाधव साहब की कोठी। आप कौन बोल रहे हैं जी? अच्छा, अब तक आये नहीं जी, कुछ मैसेज होगा, तो दे दूँगी, दफ़्तर में? जायेंगे या नहीं, पता नहीं जी। जी नहीं। फ़ोन करने को कह दूँगी। आपका नम्बर? *[लिख लेती है]* जी, कह दूँगी। आयेंगे, लेकिन वहाँ काम निकल आये तो ज़्यादा दिन ठहर भी सकते हैं। बाक़ी सब कुशल। आपकी दया से। नमस्ते। *[पैड पर लिख लेती है। डायनिंग टेबल की ओर आती है। फ़ोन फिर बजने लगता है।]*

काका साहब : तू कमला बाई को फ़ोन के लिए बैठा। अरी, इनमें से पौन हिस्सा फ़ोन फालतू होगा, मैं तुम्हें बताता हूँ। एक तो जयसिंह पत्रकार है, ऊपर से यह दिल्ली है। किसी ने तुझे नाम लेकर पूछा, तभी तू फ़ोन लेना।

[सरिता फ़ोन पर]

सरिता : *(फ़ोन में)* हैलो...जयसिंह जाधव की कोठी। वो दिल्ली में नहीं हैं। कहीं बाहर गये हैं। आज आयेंगे शायद या कल भी। कल फ़ोन कीजिए। ओह कौन

सुरिन्दर, मैंने आवाज़ पहचानी नहीं। माफ करना। क्या मैसेज है? आज आ रहे हैं? अभी? थैंक्स सुरिन्दर। थैंक्स फॉर दि मैसेज। बाक़ी सब ख़ैरियत है? आव जी, आव जी। जदो ऐ एठ्ठे होंगे, कदी आ जाना। बाय...

(फ़ोन रखकर जल्दी-जल्दी टेबल पर पड़े अखबार समेट कर रखती है। डायनिंग टेबल की ओर आती है।)

सरिता : ऑफ़िस से फ़ोन। टेलीप्रिंटर मैसेज आया। अब पहुँचेंगे। कल रात को उज्जैन से निकले हैं।

काका साहब : यानी कि मुलाक़ात होगी। नहीं तो अक्सर मैं दिल्ली में हूँ और यह नदारद।

सरिता : (पुकारती हुई) कमला बाई...

[कमला बाई आती है। चेहरा त्रस्त है।]

साहब अभी आ रहे हैं। फ्रिज़ में फ्लॉवर है, उसकी सब्जी बनाइये। काका साहब लेकर आये हैं, उस टोकरी के आम पक गये होंगे तो सात-आठ निकाल कर रखिए। बिअर ख़त्म हुई क्या, देखिए। नहीं होगी तो रामदेव को लाने के लिए भेजिए। रात की बिरयानी ठीक है क्या?

कमला बाई : ठीक है न!

सरिता : रामदेव ने धोबी से कपड़े लाये?

कमला बाई : कल ही। साहब की आलमारी में रखे हैं।

सरिता : ठीक है। जाइए, अपना काम कीजिए।

कमला बाई : मैं जाती हूँ जी वापस फलटण। मेरा टिकट निकालिए।

सरिता : फलटण को? क्यों? क्या हुआ?

कमला बाई : यहाँ की हवा तो बस क्या कहूँ...दोपहर में भट्ठी हो जाती है। ऊपर से ये नौकर लोग। कोई काम नहीं करता। आप मुझसे पूछेंगी। कमला बाई, काम क्यों नहीं हुआ?

सरिता : देखेंगे क्या करना है? अभी पहले काम पर जाइए आप। साहब आयेंगे।

[कमला बाई भीतर जाती हैं।]

काका साहब : बेचारी दिल्ली की हवा के मारे बहुत त्रस्त लगती है।

सरिता : कुछ नहीं। होगी आदत।

काका साहब : मैं तो तुमसे कहूँगा, मायके का नौकर तुम्हें चाहिए ही क्यों? दिल्ली में क्या नौकर नहीं मिलते?

सरिता : कितना भी हो, है तो यह परदेस ही न। अपने विश्वास का हो, उतना अच्छा होता है।

काका साहब : कुछ मत कहो। इतनी अच्छी हिन्दी, पंजाबी फटाफट बोल लेती हो। चार साल में दिल्ली वाली हो गयी। तुझे फलटण से विश्वास का आदमी क्यों मँगवाना पड़ता है? कितनी भी पढ़-लिख गयी, फिर भी तू मोहिते की हवेली की ही है, सरिता।

सरिता : रहने दीजिए। माँ साहब को इस उम्र में उतना ही सुरक्षित लगता है, मेरे पास, वहाँ का कोई हो तो। पर मैं कहती हूँ इसमें ग़लत क्या है?

काका साहब : सब ग़लत है। अरे जहाँ हो वहाँ के हो जाओ। ऐसा न होने से महाराष्ट्र पिछड़ गया है। हमारा आदमी भारत का रक्षा मन्त्री हो गया, पर कराड़ का ढंग नहीं भूला। तल्ला दिल्ली में पर एक जूता वहाँ कराड़ में। नतीजा, न दिल्ली का रहा, न कराड़ का।

सरिता : रहने दीजिए। वे तो किसी फंक्शन में या नाटक में मिलते हैं, तो आपके बारे में याद से पूछते हैं।

काका साहब : भाग्य हमारा। वैसे अब कौन हमें याद करता है? बीते ज़माने के आदमी हम। जीवित बचे स्वर्गीय पत्रकार। अब ज़माना है तेरे पति की नव-पत्रकारिता का। नया भाग-दौड़ जर्नालिज़्म। इधर, आग लगी, भागो उधर। उधर से और कोई दंगा हुआ, दौड़ो उधर। कहीं पाताल में बलात्कार हुआ, नहीं तो

आकाश में मन्त्रिमंडल गिरा, वह है तो वहाँ हाज़िर। आँखों देखा हाल। सारा महत्व हाज़िर होने का। फिर लिखिए कुछ भी।

सरिता : नहीं ना काका साहब। जाँच-पड़ताल कर, यक़ीन हुए बिना वे कुछ भी छपने के लिए नहीं भेजते।

काका साहब : इसीलिए बाद में चिट्ठियों का हंगामा चलता है। यह ग़लत, वह झूठा, ऐसा कुछ हुआ ही नहीं, बिल्कुल मनगढ़ंत ख़बर!

सरिता : यह कहने वाले तो होंगे ही।

काका साहब : अरी पड़ताल करने का समय किसके पास है? रुका वह मिटा। भाग-दौड़ जर्नलिज़्म! देखें तो कौन आगे दौड़ता है...फिर समय आने पर कुछ भी टोंक देता है!

सरिता : *(शरारती होकर)* रुकिए इन्हें बताती हूँ।

काका साहब : बता, बता। उस पर कुछ कहने के लिए भी समय होगा, क्या उसके पास? तेरे बताने की शुरुआत में यह यहाँ होगा तो बात ख़त्म होने तक वह बिहार शरीफ, नहीं तो लाल डेंगा के घर की छप्पर पर आँखों देखा हाल देखते बैठा होगा वह। देखेगा क्या तो ख़ून, हत्या, अत्याचार, बलात्कार नहीं तो आगजनी।

सरिता : जो हो रहा है, उसे नहीं देखना?

काका साहब : देखना क्यों? अरी घटना का ब्यौरा महत्वपूर्ण नहीं होता, मुद्दे की बात करो। विचार लिखो। इसे कैसे रोकें, इसका उपाय बताओ। वैसे सारी हत्याएँ, अत्याचार और आगजनी एक जैसे। उनमें क्या फ़र्क़ होगा? इसके लिए अपना और देश के समय का अपव्यय क्यों? विचार देने के बजाय रक्त-रंजित वर्णन चटखारे ले-लेकर करना कैसा पत्र-व्यवसाय! यह तो रक्त-व्यवसाय।

सरिता : *(टालने के उद्‌देश्य से)* अच्छी याद आयी। उसके उस नये बुशशर्ट का बटन टूट गया था। कमला बाई ने लगाया क्या, देखकर आती हूँ...तब तक आप ब्रेकफास्ट पूरा कीजिए।

[सरिता सीढ़ियों से ऊपर जाती है। फ़ोन बजने लगता है। कोई उठायेगा, यह सोचकर काका साहब इन्तज़ार करते हैं। अन्तत: स्वयं ही जाकर उठाते हैं।]

काका साहब : *(फ़ोन पर)* हेलोव...हाँ, जयसिंह जाधव की कोठी। कौन बोल रहे हैं? वे नहीं हैं। नहीं हैं वे। क्या? अख़बार? कौन-सा अख़बार? 23 का अख़बार। ख़बर छपी है? *(सुनकर)* तो? *(सुनकर एकदम ज़ोर से)* कौन बोल रहे हो तुम? नाम बोलो। अरे नाम बोलो, नाम...पुलिस में दूँगा तुम्हें...जेल भेजूँगा... तू समझता क्या है ख़ुद को? हेलो... हेलो...

[फ़ोन डिसकनेक्ट होता है। सरिता ऊपर से बुशशर्ट को बटन लगाने की तैयारी में सीढ़ियों से नीचे आती है।]

काका साहब : *(रिसीवर फ़ोन पर पटकते हुए ग़ुस्से से)* हरामखोर, समझता क्या है...

सरिता : क्या हुआ काका साहब? किसका फ़ोन था?

काका साहब : नाम कहाँ बताया? धमकी देता है, धमकी... 23 तारीख़ के अंक में तुम्हारे पति ने क्या लिखा है?

सरिता : मतलब कल का ही अंक। याद आया। मध्य प्रदेश के एक एम.पी. ने चोरी के संशय में नौकर को अपने अधिकार में ग़ैर क़ानूनी ढंग से बुरी तरह पीटा, इस बारे में लिखा उन्होंने।

काका साहब : इस बारे में हत्या की धमकी थी फ़ोन पर। घर से खींचकर मारेंगे बोला। बोला, इसे आख़िरी नोटिस समझिए। क्यों री, ये सब अपने नाम से क्यों लिखना?

प्रतिनिधि के रूप में नहीं लिखते बनता तुम्हारे पति को?

सरिता : जो कुछ भी लिखना है, अपने नाम से लिखने की उनकी ज़िद होती है। एक बार नाम छपने से छूट गया था, तो इस्तीफ़ा देने ही निकल पड़े थे।

काका साहब : फिर ऐसे हत्या की धमकियाँ आती हैं।

सरिता : यह कोई ख़ास बात नहीं है। कभी-कभी आती ही रहती हैं, ऐसी धमकियाँ। कभी-कभी असमय फ़ोन बजता है। उठाया तो भयानक कुछ सुनना पड़ता है। कई बार तो यह भी घर पर नहीं होते। पता करें कि कहाँ होंगे तो मालूम नहीं होता। मुझे अब आदत हो गयी है, इन सबकी।

काका साहब : अपने पास कोई हथियार-वथियार रखता है, क्या वह?

सरिता : नहीं।

काका साहब : ऐसी धमकियाँ मिलती हैं, इसकी कम-से-कम पुलिस को ख़बर होती है?

सरिता : ये कहते हैं, इनमें से आधी धमकियाँ पुलिस की ओर से ही होती हैं, तो ख़बर किसे करेगी? कई बार मैं अपसेट हो जाती हूँ। पर वे मन पर कुछ लेते ही नहीं।

काका साहब : यह पागलपन है, पुरुषार्थ नहीं। हाँका करना है तो पास में बन्दूक होनी ही चाहिए।

सरिता : उन्हें कहकर देखिए।

काका साहब : देखूँगा ज़रूर। हमारी बेटी की ज़िन्दगी का सवाल है। विधवा के रूप में वापस लेने के लिए नहीं दी है, हमने अपनी बच्ची तुम्हें कह देना।

सरिता : दी है न? फिर ठीक तो है। वे थोड़े ही आपके कहने पर बदलने वाले हैं? मैंने ही एक बार इन सारी बातों से तंग आकर केवल इतना ही कहा कि मैं फलटण

जाती हूँ, तो तुरन्त मेरा विमान का टिकट निकालने उठ खड़े हुए।

[दरवाज़े की बेल चार-पाँच बार उल्टी-सीधी बजती है] आऽऽई *(ज़ोर से)* हाँ, आयी, आयी...

[दरवाज़ा खोलने के लिए जाती है। जयसिंह, सरिता और पीछे-पीछे चेहरा आँचल में छिपाये एक मटमैली सफ़ेद अर्ध साड़ी में गँवई स्त्री आती है। उसकी काँख में पोटली। जयसिंह सफ़र का।]

जयसिंह : रात की ट्रेन छूट गयी...फिर प्राइवेट टैक्सी से पीछा करके उसे डोणपुर में पकड़ी...वह लेट थी शायद यही लग रहा था...*(ध्यान जाते ही)* ओ हो हो... कौन, काका साहब? अलभ्य लाभ! कब आये?

काका साहब : परसों आया, सोचा तुम से मुलाक़ात होगी या नहीं।

जयसिंह : यानी तुरन्त तो नहीं लौट रहे? *(सरिता से)* क्यों री, इन्हें हम तुरन्त लौटने देंगे? ऐसा कुछ नहीं, वे अब रहेंगे यहाँ, कम-से-कम हफ़्ता भर।

काका साहब : नहीं रे बाबा, मुझे कल लौटना होगा।

जयसिंह : नो नो, यू जस्ट कांट गो। आप क्या थोड़े ही हमेशा दिल्ली आते हैं?

काका साहब : मुझे यहाँ रख दे और तू जा फिर कहीं केरल, नहीं तो नेपाल, हत्या के पंचनामा करने...।

जयसिंह : *(ज़ोर से हँसते हुए)* दैट्स अ गुड वन! हत्या के पंचनामा क्या! *(अख़बार हाथ में रखे सरिता को)* देख लिया। स्टेशन पर ही ख़रीद लिया...अच्छा, फ़ोन किसके-किसके आये थे!

[सरिता पैड देती है।]

नहाने के लिए पानी गरम करने को कहो। ऐसी यात्रा के बाद सेंकते-सेंकते निर्वस्त्र होकर नहाने में कितना मज़ा आता है!

[काका साहब की उपस्थिति के कारण सरिता को संकोच]

[वह यह ताड़कर हँसता है] ओ, सॉरी। यह हमारी पंजाबी आदत काका साहब। जीभ में हड्डी नहीं बची। *(सरिता से)* और सुन, चाय ले आ। सम्भव हो तो उस सूटकेस में चार दिन के धोने के कपड़े हैं, वे निकाल कर धोने के लिए दे। देते समय नाक मुट्ठी में रख। क्योंकि कपड़ों से भयानक बदबू आ रही होगी। फिर मत कहना बताया नहीं, इसलिए पहले से बता रहा हूँ। *(पैड के फ़ोन देखने में खो गया।)*

काका साहब : उनमें एक फ़ोन लिखा नहीं है रे, जयसिंह। मैंने ही वह लिया था।

जयसिंह : *(पैड की एक ओर देखते हुए)* अच्छा? किसका था?

काका साहब : गुमनाम था।

जयसिंह : *(इस पर काका साहब की ओर एक बार देखकर फिर पैड देखते कैज्युअली)* क्या था?

काका साहब : उसने कहा, तुम्हें हम घर के बाहर खींचकर तुम्हारी लाश गिरा देंगे। टुकड़े-टुकड़े कर देंगे। तुम्हें ज़िन्दा छोड़ दिया तो बाप की औलाद नहीं। इसे आख़िर की नोटिस समझो।

जयसिंह : *(पैड देखते हुए)* आई सी। *(फिर काका साहब की ओर देखते हुए)* किस बारे में था? कौन-सा अंक, कुछ बोला?

काका साहब : 23 का।

जयसिंह : *(पैड देखते हुए)* लगा ही था। *(पैड में लिखे फ़ोन देखने में व्यस्त।)*

काका साहब : तुम्हें कुछ नहीं लगता?

जयसिंह : *(पैड से ऊपर देखते हुए)* किस बारे में?

काका साहब : तुम्हें हत्या की धमकियाँ आ रही हैं।

[जयसिंह कुछ हँसकर एक फ़ोन करना चाहता है।] हँस क्या रहा है? लोग केवल हमेशा बोल कर रुक जायेंगे,

ऐसा नहीं है जयसिंह। कोई...*[जयसिंह फ़ोन एंगेज्ड पाता है]*

जयसिंह : *(रिसीवर पिन पर पटकते हुए)* दीज़ देल्ही फोंस!

[काका साहब ख़ामोश]

(उन्हीं से) सॉरी। आप कुछ कह रहे थे।

[सरिता भीतर से चाय लेकर आती है।]

(देखकर) चाय! दैट्स वंडरफुल! रखो, मैं इतना फ़ोन करके आता हूँ। नहीं तो इधर ले आ। *(चाय का घूँट पीते हुए, एक-दो बार नम्बर घुमाता है। कान्धे और गाल के बीच रिसीवर आसानी से मज़बूती से थाम रखा है।)*

[काका साहब यह देखते हुए चाय पीने लगते हैं। वे अपसेट होते हैं।]

जयसिंह : *(पंजाबी में)* हैलो...जसपाल जी, मैं जयसिंह बोल रेयाए...हुणे आया। मिशन सक्सेसफुल। हाँ, साथ लेकर ही आया हूँ। *(यह कहते हुए, उसके पीछे हाल में आकर एक कोने में खड़ी, आंचल में चेहरा छिपाये गँवई स्त्री की ओर देखता है। सरिता को इशारा करता है कि उसे चाय दो।)* कैसी है? तुम्हीं ख़ुद देखो न यार! एकदम ईद का चाँद! *(ज़ोर से हँसता है।)* प्रेस कॉन्फरेंस कै बजे की रख्खी है? दैट्स वंडरफुल। बाक़ी सब तैयारी हो गयी? एक्सलंट! फिर भी केस कर सकते हैं? लेट देम प्रोसीड, दैट विल मेक ए नाइस फ्रंट पेज न्यूज़ आइटम। और भी पब्लिसिटी। इस बार उनसे बन्दर का नाच नचवा कर ही रहेंगे। ओ नो सिर्फ़ मैं नहीं, पूरी टीम। ऑल ऑफ़ अस। हम सब। आपका सपोर्ट है, इसलिए तो। जी शुक्रिया। डज सेठ जी नो? सेठ जी को मालूम है? नहीं न? राइट? बुढ़ऊ के लिए सरप्राइज रहेगा। *(ज़ोर से हँसता है।)* लेट अस सी। क्यों नहीं! मुझे निकाल भी सकते हैं।

आई एम नॉट वरीड। जब आप हमारे साथ हैं जसपाल साहब, तब कैसी चिन्ता? दैट्स रियली मार्वलस। अच्छा देन...बाय फॉर दि टाइम बीइंग। आई हैव स्टिल टू टेक माई बाथ...चार दिन हुए नहाना नसीब नहीं हुआ। अभी जो आया हूँ... *(रिसीवर रखता है।) [सरिता उस देहाती औरत को चाय देती है। दीवार से उकड़ू बैठी पर मर्यादा से रुचिपूर्ण फूँकते हुए वह चाय पीती है। चेहरा आँचल ही में। जयसिंह चाय सहित अब काका साहब के सामने बैठता है। दूसरी ओर सरिता है।]*

ऑफली सॉरी काका साहब...यह धन्धा इसी तरह का है। आप कुछ कह रहे थे...मुझे लगता है, धमकी के फ़ोन के बारे में...।

काका साहब : कहकर कोई फ़ायदा है क्या?

जयसिंह : कोशिश करेंगे।

काका साहब : हँसी में मत उड़ाओ। कभी भयंकर स्थिति आ जायेगी।

जयसिंह : (सहज याद आये ऐसे) आप दिल्ली कैसे आये हैं, यह बताएँ।

सरिता : उनका पत्र आया था। मैंने आपको बताया था...

जयसिंह : ओ...ओ यस। आई रिमेंबर। कुछ तो काम था आपका दिल्ली में।

सरिता : उनकी साप्ताहिक पत्रिका के लिए काग़ज़ का कोटा हासिल करना था।

जयसिंह : दैट्स राइट। फिर मिला क्या?

काका साहब : पत्र और स्मरण-पत्र भेजकर तंग आ गया। इसलिए ख़ुद चला आया। कल दिन भर इस टेबल से उस टेबल पर डाक बनकर भटकता रहा। आख़िर एक को दया आ गयी। उसने कम-से-कम आश्वासन तो दिया कि तुरन्त करता हूँ...।

जयसिंह : सरिता, इनके डिटेल्स लेकर रखो। मैं डिपार्टमेंट के सेक्रेटरी को ही फ़ोन करूँगा, मुझे याद दिलाना।

काका साहब : केवल मेरे लिए तुम्हें उचित न लगने वाला कुछ मत करना, जयसिंह...

जयसिंह : सेक्रेटरी मेरा मित्र है। और मैं उसे केवल, उसे जो सम्भव होगा, वही जल्दी करने के लिए कहने वाला हूँ। काका साहब आप रुकिए ही, जैसे आये हैं। काम करवा के सेंक्शन लेकर ही जाइए। क्यों सरिता?

काका साहब : शायद यहीं आख़िरी साँस लेने का वक़्त आ जायेगा मुझ पर! दिल्ली की बात न बता मुझे। अँधेरनगरी है सिर्फ़। पर मुझे पहले यह बता, इस हमारी बच्ची का तू क्या करने वाला है?

जयसिंह : *(आश्चर्य से)* बच्ची का? क्यों?

सरिता : मैंने कुछ नहीं कहा जी। वे ही सुबह से कह रहे हैं।

काका साहब : कहीं भी जाते हो...कभी भी आते हो...कहाँ जाते हो... यह बताकर भी नहीं जाते...इस...इस बार आने पर पूछा तो बोली, मालूम नहीं...घर में उल्टी-सीधी धमकियों के फ़ोन आते हैं...यात्रा में पास कोई सुरक्षा रखते नहीं...

जयसिंह : *(बोअर्ड चेहरा। कान्धे उचकाकर हँसी उड़ाता)* ओ। दैट। इसने आपको काफी कुछ बताया, लगता है। *(उसे यह पसन्द नहीं)*

सरिता : वे ही पूछ रहे थे।

जयसिंह : *(कुछ तंग आकर)* तूने बताया तो कबूल कर कि... काका साहब, आपने अपना जर्नलिज़्म किया, उसमें संघर्ष भी किया...ताक़तवर ब्रिटिश सरकार से भी लड़े...जेल गये...आपने अपनी सुरक्षा के लिए बॉडी गार्ड्स रखे थे या बाहर घूमते हुए कवच पहन कर घूमते थे?

काका साहब : जयसिंह गड़बड़झाला मत करो। तब की लड़ाइयाँ अलग थीं। शत्रु अँधेरे में दुबका हुआ नहीं था। वह खुले में सामने ही था। अब की आपकी स्थिति अलग है। इसमें तुम्हारा हमला रोज़ नये व्यक्ति पर...

जयसिंह : व्यक्ति पर नहीं, प्रवृत्ति पर। व्यक्ति से मेरा कोई मतलब नहीं।

काका साहब : फिर भी व्यक्ति पर। आख़िर आघात कहाँ होता है, यह देखोगे कि नहीं? इस गति से कहाँ जाओगे? साथ ही, तुम अपनी सुरक्षा की सावधानी लेने को तैयार नहीं।

जयसिंह : काका साहब, मौत ही आनी है न, तो यह घर बैठे भी आ जाती है। उस समय आप क्या करते हैं?

[उसका ध्यान कोने में बैठी, परदे के उस पार की देहाती औरत पर गया है। वह उसकी ओर जाता है।]

[उसका आना जानकर वह और अधिक मर्यादाशील होकर बैठती है। आँचल चेहरे पर और खींच लेती है।]

कमला...

स्त्री : *(अस्पष्ट)* जी।

जयसिंह : कैसी हो तुम? ठीक हो न?

[वह हाँ में गर्दन हिलाती है।]

और चाय पियोगी?

[वह नकारार्थी गर्दन हिलाती है।]

कुछ खाओगी?

[वह नकारार्थी गर्दन हिलाती है।]

देखो, इसे अपना ही घर समझना। यहाँ तुम्हें कोई डर नहीं।

[वह समझने-सी गर्दन हिलाती है।]

काका साहब : कहाँ की है रे यह?

जयसिंह : *(इस सवाल से कुछ चौंककर एकदम ऐंठकर)* ऐसी ही...एक जगह पहुँचाना है उसे।

[काका साहब को उसका ऐंठना महसूस हुआ।]

(यह जानकर) मेरी यात्राओं में ऐसा कोई काम आ जाता है कभी गले में।

काका साहब : कहाँ गया था, पूछा तो चलेगा क्या?

जयसिंह : *(और ऐंठते हुए)* ऐसे ही...बिहार की ओर।

काका साहब : बिहार बहुत बड़ा है।

जयसिंह : *(विषय बदलते हुए)* स्नान कर लेना चाहिए। बहुत चिपचिपापन लगता है। पसीने की परतें चढ़ गयी हैं शरीर पर। आता हूँ *(सरिता को)* पानी रखा क्या?

सरिता : *(कुल स्थिति उसने ताड़ ली है। उठते हुए।)* देखते हुए... *[सरिता चल देती है, सीढ़ियों से ऊपर। पीछे-पीछे जयसिंह जाता है। काका साहब विचारमग्न बैठे हुए। कोने में परदे के पीछे कमला। उसकी दैन्यावस्था के कारण वह इस ड्राइंग रूम में विशोभित दिखती है। काका साहब अब उठकर अपने गेस्ट रूम की ओर जाते हैं। अब कमला धीरे से अपना आँचल सरकाकर ढीठता से ड्राइंग रूम निहारती है। इतने में फ़ोन बजने लगता है। अचानक कमला फिर परदे के पीछे। फिर देह चुराकर बैठती है। मानो ड्राइंग रूम निहारने वाली वह थी ही नहीं। कमला बाई भीतर से हड़बड़ी में आती हैं। फ़ोन उठाती हैं। अनिच्छा से।]*

कमला बाई : हलाव... *(फ़ोन डिस्कनेक्ट हो जाता है।)* बात नहीं करनी थी, तो क्या किसी ने जबरदस्ती की थी? मत बोलो। बदतमीज मुए। *(रिसीवर रखती है। कमला पर ध्यान जाता है। उसकी ओर आती है। उसे आँकते हुए)* ए कौन री तू? कहाँ की? यहाँ क्यों आयी?

[कमला कुछ बोलती नहीं।]

		मैं तुमसे पूछ रही हूँ। सुनाई देता है कि नहीं? नाम क्या है तुम्हारा? नाम क्या है? नाम?
कमला	:	कमला।
कमला बाई	:	*(अरुचि से)* कमला? *(नाराज होकर)* हूँ कहाँ की किस गाँव से? गाँव कौन-सा, गाँव?
कमला	:	करीम शरीफ़
कमला बाई	:	*(और नाराज़ होते हुई)* करीम शरीफ़? किदर है यह?
कमला	:	लुहारडागा के उस बाजू होता है वो।
कमला बाई	:	*(समझ में नहीं आया, यह दिखाना योग्य नहीं यह सोचकर)* अच्छा...ऐसा। डागा के। हूंह। यहाँ से कहाँ जाना है?
		[कमला की समझ में नहीं आया।]
		किधर...किधर जाना है, पूछ रही हूँ।
कमला	:	*(कुछ समय लेकर)* कहीं भी नयी।
कमला बाई	:	कै बी नयी मतलब? कै तो बी जायेगी ही न?
		[कमला नकारार्थी गर्दन हिलाती है।]
		फिर क्या यहीं रहेगी? इदरच रैनेका?
		[कमला का हाँ]
कमला	:	मुझे खरीदा है ना।
कमला बाई	:	*(चौंककर)* क्या?
कमला	:	वो...उन्नै ख़रीदा है हमको। बज़ार में।
कमला बाई	:	ख़रीदा है? किसने?
कमला	:	उन्नै। वो...
		[कमला बाई की समझ में कुछ नहीं आ रहा है। सीढ़ियों से सरिता आती है।]
सरिता	:	कमला बाई किसका फ़ोन था?
कमला बाई	:	*(अभी तक सँभल नहीं पायी हैं)* फ़ोन...हाँ...हाँ। क्या मालूम। कोई बोला ही नहीं।
सरिता	:	यहाँ क्या कर रही है? भीतर रसोई में जाइए तो। मटन पकाने रखा है...

[कमला की ओर एक रहस्यमय कटाक्ष फेंककर कमला बाई भीतर जाती हैं। जयसिंह नहाकर और घरेलू कपड़े पहनकर सीढ़ियों से आता है।]

जयसिंह : इसके लिए आदमी कोई गन्दी यात्रा करे। घर की सादी-सादी बातें इतनी मस्त लगती हैं। उदाहरणार्थ, कमोड! *(सरिता का चेहरा देखकर)* मज़ाक नहीं। दुनिया की बादशाही सुविधा लगती है यह। *(कमला की ओर ध्यान जाकर)* यह अभी तक यहीं क्या?

सरिता : क्या करना है इसका, कहीं बात की आपने?

जयसिंह : और क्या करना है। फिलहाल यहीं रहने वाली है यह।

सरिता : कितने दिन?

जयसिंह : आज तो निश्चित! *(महसूस कर)* वैसे तुम्हें इसके बारे में कुछ नहीं बताया मैंने...वेल, गया था उधर से है। उसकी हालत देखकर उसके बारे में तुम जान गयी होगी। वैसी ही है वह। *(कुछ सोचकर कमला से)* कमला यहाँ कैसा लगता है?

कमला : *(आँचल से चेहरा बाहर न निकाल कर)* अच्छा। इत्ता बड़ा मकान है...राजा जी का महल हो जैसा।

जयसिंह : *(सरिता की ओर आँख मारते हुए)* तुम यहाँ हमेशा के लिए रहोगी कमला?

कमला : *(ख़ुशी से गर्दन हिलाती)* हऔ।

जयसिंह : यहाँ तुम्हारे लिए कोई काम नहीं होगा। सिर्फ़ खाना और बैठे रहना।

कमला : जो हुकुम मालिक। पै कुछ काम-धाम तो होय गयी।

जयसिंह : *(सरिता से)* सुना? वैसे थोड़ा-बहुत कम करेगी, कहती है। ये हालात के मारे लोग कुछ बहाना मिले तो ख़ुश हो जाते हैं। मेहनत की आदत लगती है, पर सुख की आदत लगती नहीं। कमला, तुम अब अन्दर जाओ कमला।

[कमला उठकर आँचल चेहरे पर कुछ अधिक खींचकर, गठरी उठाकर भीतर जाती है।]

सरिता : भोली है, बेचारी।

जयसिंह : फिलहाल तो लगती है। पर वैसे होशियार भी होते हैं ऐसे लोग। मौक़ा मिलने की देर है *(इतना कहकर रुकता है। फिर और बोलने का मन होता है। पर बोलना टालता है। फिर न रहा गया।)* तुम्हें मालूम है कहाँ मिली यह मुझे?

सरिता : कहाँ?

जयसिंह : *(बोलें, न बोलें इस असमंजस में)* कहाँ मिली होगी?

सरिता : मैं नहीं बता सकती।

जयसिंह : दैट्स इट। *(न ही बोला जाए, ऐसा तय किया-सा चुप।)*

सरिता : कहाँ मिली? आप बताइए न।

जयसिंह : अपने तक रखोगी? किसी को भी आज मालूम नहीं होना चाहिए।

सरिता : हाँ।

जयसिंह : बिहार में लुहारडागा के बाज़ार में ख़रीदा है मैंने उसे।

सरिता : अं ऽ? *(उसे इसका अर्थ समझ में नहीं आया)* ख़रीदा?

जयसिंह : यस। ढाई सौ रुपये में। बैल भी इससे अधिक क़ीमत में मिलते हैं।

[सरिता सुन्न]

(उसकी यह हालत देखकर उत्तेजित हुए) राँची के पार इस लुहारडागा में मनुष्यों का बाजार चलता है। मनुष्यों का। अलग-अलग उम्र की स्त्रियों की खुली नीलामी होती है। बोली लगाने के लिए दूर-दूर से लोग आते हैं।

सरिता : औरतों की नीलामी?

कमला : औरतों की नीलामी। विश्वास नहीं होता न? बोली लगाने वाले हाथ लगाकर आजमाते हैं। ठोस है कि थुलथुली। जवान है कि उम्रदराज। स्वस्थ है कि बीमार। छाती में कैसी, कमर में कैसी है, जाँघों में...

सरिता : बस

कमला : तुम्हें तकलीफ हो रही होगी। इस कमला के लिए ग्राहक ही नहीं था। मुंडी नीचे घुसा कर एक ओर बैठी थी। मैंने सोचा चलो, अपुन इसी को ख़रीदते हैं। आइ बॉट हर डर्ट चीप।

सरिता : *(नापसन्दगी से)* क्यों? आप क्यों कर वहाँ गये?

जयसिंह : सिद्ध करने के लिए ऐसा बाजार इस देश में है आज...इस समय चलता है।

[सरिता कल्पना कर काँप उठती है।]

(देखकर इन्जॉय करते) तुम्हारी तरह कई को ऐसा कुछ होता है, यह मालूम ही नहीं। पुलिस विभाग को यह सच्चाई पता होने के बावजूद मानने को तैयार नहीं। वे कहते हैं, हम पत्रकार सनसनी पैदा करने के लिए यह बखेड़ा खड़ा करते हैं। सरकार तो हाथ झटककर कहती है–शान्तम् पापम्। इन अख़बार वालों को अभिव्यक्ति की स्वतन्त्रता का दुरुपयोग करने की गन्दी आदत लग गई है।

सरिता : मुझे आपकी यह बात बिल्कुल ही अच्छी नहीं लगी।

जयसिंह : मुझे कहाँ अच्छी लगी? पर किसी को यह करना चाहिए।

सरिता : आप किसलिए?

जयसिंह : क्योंकि जब मैंने पहली बार इस बारे में लिखा, उस समय मुझे भी इस बारे में निश्चित जानकारी नहीं थी। तब आहट थी। पुलिस ने हमेशा की तरह हाथ झटक लिये। गृह मन्त्रालय ने कान पर हाथ रख लिये। अख़बार वाले झूठ चलाते हैं, यह आरोप लगा।

फिर सबूतों के साथ उनका पाप उनके गले उतारने की ज़िम्मेदारी तो आ ही गयी और कौन करेगा?

सरिता : तो क्या एक औरत की ख़रीद करनी चाहिए?

जयसिंह : सबूत नहीं चाहिए? एड़ी-चोटी का पसीना एक करके इस फ्लेश मार्केट को मैंने खोज निकाला, पता है? वहाँ पहुँचने वाला मैं पहला पत्रकार। *(ख़ुशी झलकती है मुखमुद्रा पर, आवाज़ में।)* सबूतों के साथ मैं इन सारे गोरखधन्धे को सरकार के सामने साबित कर दूँगा, देखना तुम। लेट देम डिनाय दिस टाइम! सालों को ठीक पकड़ा है। बास्टड्र्स! *(सचेत-सतर्क होकर)* फ़िलहाल इसे पूरी तरह गुप्त ही रखना। किसी को पता नहीं चलना चाहिए। थोड़ा भी लीक हो गया, तो सब गड़बड़ हो जायेगा।

सरिता : *(उसकी ताकीद देती नज़र को समझते हुए)* हाँ!

जयसिंह : काका साहब, कमला बाई, उस कमला को भी इस बारे में कुछ मालूम नहीं होना चाहिए, ध्यान रखना। जैन मेरा इतना क़रीबी दोस्त; पर उससे भी मैंने यह सब गुप्त रखा है। तुम्हारे लिए ये सब मुश्किल है, पर मैंने तुम्हें सारी बात बता तो दी है। नाऊ फॉर गॉड्स सेक, कीप यूवर माउथ शट् फॉर सम टाइम। विल यू?

सरिता : *(बात ठीक तो नहीं लगी, पर सहनशीलता से)*यस।

जयसिंह : तेरा विश्वास नहीं हो रहा *(इसमें विश्वास का भाव स्वयं को ही महसूस होते सुधार करते हुए)* यानी तुम जानबूझकर कुछ करोगी, ऐसा नहीं है। शाम को मेरे अख़बार की ओर से प्रेस कॉन्फरेंस है। एक बार उसमें मैं सारा कुछ खोलकर रख दूँ, फिर कोई बात नहीं। फिर तुम बताओ।

सरिता : *(धीरज रखकर)* मान लीजिए, पहले किसी को मालूम हो गया, तो क्या होगा?

जयसिंह : सारा काम-तमाम हो जायेगा। हमारे सारे मंसूबों पर पानी फिर जायेगा। बहुत सावधानी से ये सब रचा है मैंने और मेरे सम्पादक ने। हमारे मालिक को भी किसी बात की भनक नहीं है। इन बातों की एक ख़ूबी होती है। उसे उसी तरह रखना होता है। अरी, लुहारडागा के फ्लेश मार्केट में क्या हुआ? औरतों की बिक्री वैसे देश में कई, देशों में होती है। शहर-शहर वेश्याओं के मोहल्ले इसके बिना चलेंगे क्या? सवाल यह नहीं है। सवाल यह है कि हम लुहारडागा को किस प्रकार प्रोजेक्ट करते हैं, टेक्निक का है। आर्ट लाइज इन प्रज़ेटिंग दि केस। नॉट इन द केस इटसेल्फ! हम इस केस का ढिंढोरा कैसे पीटते हैं, देखते रहो। देअर विल बी हाई ड्रामा इन टुडेज प्रेस कॉन्फ्रेंस। तहलका मच जायेगा आज। *(एक्साइट होकर चक्कर लगाने लगता है।)*

[सरिता उसकी स्थिति देखकर भीतर जाती है। जयसिंह कुछ समय तक इसी तरह गुम है। दरवाजे की बेल बजती है। जयसिंह चौंक कर अपनी धुन से बाहर। उसकी हलचल अब टेंस, सतर्क। कमला बाई दरवाज़ा खोलने के लिए जाने लगती हैं।]

जयसिंह : कमला बाई, रुकिए। दरवाज़ा खोलने से पहले कौन आया है यह पूछकर मुझे यहाँ आकर बताइए।

[कमला बाई दरवाज़े की ओर जाती हैं। लौटती हैं। जयसिंह टेन्स में खड़ा]

कमला बाई : वो जैन मामा आये हैं।

जयसिंह : कैसा समय पर पहुँचा। *(कुछ सोचकर)* आने दीजिए उसे। पर वह यहाँ जब तक है, तब तक भीतर से उस औरत को यहाँ क़दम मत रखने दीजिए, जिसे मैं लेकर आया हूँ। समझीं? क्या समझीं?

[कमला बाई रिपीट करती हैं। दरवाज़े की ओर जाती हैं। लौटती हैं। पीछे-पीछे जैन। उम्र 35 के आसपास। कमला बाई भीतर जाती हैं।]

जैन : *(आते हुए)* क्या पहरे बैठा दिये हैं भइया तूने!

जयसिंह : हाय।

जैन : यह क्या नया? घर में आज राष्ट्रपति आदि आने वाले हैं क्या? दरवाज़े पर ही तलाशी? मुझे तो लगा, कमला बाई आज मेरी तलाशी भी लेंगी!

जयसिंह : अनचाहे लोग आकर बेवजह तकलीफ़ देते हैं रे; इसलिए कमला बाई को बता रखा है, पूछताछ के बिना किसी को आने मत दीजिए।

जैन : आई सी। तेरा भी कुल मिलाकर ऐसा हो गया! *(ऊसाँसे भरकर)* कैसी रही ट्रिप?

जयसिंह : कहाँ की? अच्छी रही। पर तू अचानक कैसे?

जैन : सोचा, यात्रा से लौटते हो तो खाली ज़ेब से निश्चित ही नहीं आयेगा। क्या लाया है देखूँ।

जयसिंह : मैं? कुछ ख़ास नहीं।

जैन : होगा तो भी कहाँ बताने वाला? सच तो यह है कि यहाँ पास ही पीटीआई के अय्यर के पास ड्रिंक्स के लिए आया था। सोचा जाते-जाते यूँ ही मिलता जाऊँ। तू तो नहीं ही होगा, पर भाभी जी को, सोचा मिलता जाऊँ। हाउ इज़ शी?

जयसिंह : शी इज ऑल राइट *(अभी भी टेन्स)* और क्या?

जैन : अय्यर कह रहा था, जयसिंह बार-बार राँची की ओर जाता है, समथिंग फिशी।

जयसिंह : *(अनावश्यक ऊँची आवाज़ चढ़ाते हुए)* अपने धन्धे में हर किसी को सब कुछ फिशी दिखता है।

जैन : आदत से मज़बूर हैं और क्या? पर अय्यर के पास टाइम्स का पद्मनाभ आया था। वह शाम की प्रेस कान्फ्रेंस के बारे में कह रहा था।

जयसिंह : *(सावधानी से)* क्या कह रहा था?

जैन : केवल गेसवर्क। उसका कहना था कि आपके एडिटर पर वह कंटेम्प्ट का केस है। इस बारे में कुछ तो होगा।

जयसिंह : *(कुछ हल्के से)* आई सी

जैन : पर अय्यर बोला, देअर मस्ट बी समथिंग मोअर टू इट। जैसे, आपके मालिक के नये होटल का प्रोजेक्ट प्रकरण।

[जयसिंह चुप]

साला, मैं बोला, सच क्या है यह केवल मुझे मालूम।

[अब यह चुप, सस्पेंस बनाते]

जयसिंह : *(टेन्स, बेचैन होकर)* क्या?

जैन : कहाँ, क्या? मैंने शगूफ़ा छोड़ा... *(उठकर भीतर जाने लगता है।)*

जयसिंह : *(एकदम उठकर)* अरे? कहाँ चला?

जैन : क्यों?

जयसिंह : नहीं...अचानक उठा, इसलिए।

जैन : *(क़रीब जाकर धीमे स्वर में)* ये देख, अय्यर के यहाँ क्या लिया? ड्रिंक्स। ड्रिंक्स में क्या आदत होती है बोल...बहुत पी ली तो...क्या होता है? हुंह *(भीतर जाने लगता है)* दैट्स दैट।

जयसिंह : वह...उधर का टॉयलेट ख़राब हो गया है। तू इधर के टायलट में जा...*(गेस्ट रूम की ओर मोड़ता है।)*

जैन : ग्लैड्ली। अपने को तो कहीं टॉयलेट मिल जाने से काम।

[जैन को गेस्ट रूम की ओर छोड़कर जयसिंह खड़ा है। सरिता आती है।]

सरिता : जैन आया है न?

जयसिंह : हाँ। उसे खाने के लिए रोकना नहीं है। जाने को है वह। जाने दे उसे।

[इस पर सरिता कुछ नहीं कहती। उसे यह बहुत अटपटा लगता है।]

उस पर ध्यान है न? उसे बाहर नहीं आने देना है। शी मस्ट स्टे इनसाइड।

[जैन गेस्ट रूम से आता है।]

जैन : हाय भाभी जी...यानी इसे इंग्लिश हाय और आपको हिन्दी हाय! देश के एक्सप्लॉयटेशन के ख़िलाफ़ लड़ाई लड़ने वाला यह जयसिंह आपको एक्स्प्लॉइट करता है। किसी समय हॉर्सराइडिंग और निशानेबाजी करने वाला सरदार घराने की एक लड़की को एकदम घरेलू औरत बना दी उसने। *(जयसिंह की ओर नाटकीयता से)* शेम ऑन यू! यह स्कूप कभी तो मैं बाहर लाऊंगा! हीरो ऑफ एंटिएक्सप्लाइटेशन कैम्पेन्स मेक्स ए बांडेड लेंबरर ऑफ़ हिज़ वाइफ़! *(कलाई की घड़ी की ओर ध्यान जाकर)* बाप रे! इट्स ऑलरेडी टू। *(जयसिंह से)* बाय...*(सरिता से)* बाय लवली बांडेड लेबरर...*(याद आते ही जयसिंह से)* सी यू इन दि इवनिंग-प्रेस कॉफरेंस में।

[जैन जाता है। जयसिंह छुटकारे का नि:श्वास छोड़ते हुए अब भी कुछ टेंस]

सरिता : भोजन तैयार था।...खाकर चला जाता।

जयसिंह : *(सन्तुलन खोकर)* आर यू ए फूल? *(सँभलते हुए)* सॉरी।

[एक अजीब-सी स्तब्धता]

(प्रयत्नपूर्वक) वह क्या कर रही है? कमला?

सरिता : कमला बाई के कमरे में फिलहाल व्यवस्था की है उसकी। अब नहाने के लिए पानी देती हूँ उसे...।

जयसिंह : *(ज़ोर से)* नो।

(सरिता को फिर अजीब लगता है।)

आई मीन, रात को या कल सबेरे नहायेगी वह। और उनमें रोज़-रोज़ नहाते नहीं हैं। अकालग्रस्त इलाका

है वह। पानी होगा कहाँ से? उल्टे नहाने के बाद ही अस्वच्छ लगेगा उसे। मुझे...मुझे पूछे बिना प्लीज कुछ मत करो उसके बारे में। फॉर गॉड्स सेक!

सरिता : *(आज्ञाकारी स्वर में, पर चेहरे पर आश्चर्य)* नहीं करूँगी।

जयसिंह : शाम की प्रेस कॉन्फरेंस हो जाने देने दे किसी तरह, वह बहुत ख़ास है।

सरिता : *(विषय बदलते हुए)* भोजन परोसूँ? सब तैयार है...

जयसिंह : ओ, यस।

सरिता : काका साहब को बुलाइए।

जयसिंह : *(याद कर)* मैंने उनसे कहा है, कहीं पहुंचाना है, इसलिए लायी गयी है। तुम उनसे यही कहना। *(वह ब्लैक)* कमला के बारे में कह रहा हूँ मैं। *[सरिता को यह सारा खटकता है। पर वह कुछ कहती नहीं। जयसिंह गेस्ट रूम की ओर जाता है।]*

जयसिंह : *(गेस्ट रूम का दरवाज़ा खटखटाकर)* काका साहब...खाना खाने चलिए...!

(अंधेरा होता है।)

[प्रकाश आता है।

ड्राइंग रूम ही।

दोपहर।]

जयसिंह अपनी ही धुन में चक्कर लगाता है। काका साहब सोफे पर बैठकर उसका चक्कर लगाना देख रहे हैं। बीच में ही जयसिंह फ़ोन के पास जाता है। नम्बर घुमाकर पूछता है, *[एवरिथिंग परफेक्ट? प्राप्त उत्तर सुनकर रिसीवर रखता है। फिर अपनी ही धुन में। काका साहब धीरे-धीरे भीतर जाते हैं। जयसिंह अबसेंट माइंडेडली देखे वैसे उन्हें जाते हुए देखता है।]*

जयसिंह : *(कलाई की घड़ी की ओर देखते हुए पुकारता है।)* सरिता...ए सरिता...

[सरिता आती है।]
वह क्या कर रही है?

सरिता : उसकी तबीयत ठीक नहीं है। सोयी है।

जयसिंह : उठाओ उसे।

सरिता : अभी-अभी नींद लगी है।

जयसिंह : ठीक है। उठा और यहाँ भेजो। उससे बात करनी है मुझे।
[सरिता पलभर के लिए वैसी ही खड़ी रही।]
क्या कह रहा हूँ मैं? सुनाई देता है न तुझे?
[सरिता भीतर जाती है। फ़ोन बजने लगता है। जयसिंह उठाता है।]

जयसिंह : हेलो।

फ़ोन : हेलो, कौन जयसिंह? मैं हरबंस बोल रया। अरे क्यूँ शाम को प्रेस कॉन्फ्रेंस हो रही है न? इज़ इट् ए सर्टण्टी?

जयसिंह : वाट डू यू मीन, प्रेस कॉन्फ्रेंस हो रही है न? क्यों नहीं होगी?

फ़ोन : अरे यार, मैं तो सिर्फ़ इनक्वायरी कर रया था।

जयसिंह : कौन कहता है कि नहीं होगी? किने केयाए?

फ़ोन : कहेगा कौन यार। मैंने सिर्फ़ पूछासी।

जयसिंह : सच बोल हरबंस, डिड एनी वन से इट्? क्या ऐसी अफ़वाह है?

फ़ोन : ओ, नहीं यार। मैंने ऐसे ही पूछासी। रब दी सौ, होगी ना प्रेस कॉन्फ्रेंस? अच्छा भाई, ठीक है। शाम को मिलते हैं, हाँ। अच्छा, बाय जय...
[फ़ोन डिसकनेक्ट होता है? अपसेट जयसिंह। पीछे कमला आकर कोने में मर्यादा से खड़ी है। चेहरे पर आँचल। जयसिंह को उसके आने का भान नहीं।]

जयसिंह : *(हाथ मलते फुसफुसाता है)* ओह, ब्लडी रूमर्स मांगर्स... *[कमला हल्के से खँखारती है।]*

कौन? कमला। इधर आओ कमला। यहाँ आओ।

[वह धीरे-धीरे उनकी दिशा में आकर खड़ी रहती है।]

बैठो।

[वह खड़ी ही रहती है।]

कहा न बैठो।

[वह शालीनता से बैठ जाती है।]

जयसिंह : कमला, यहाँ कैसा लगता है?

कमला : बहुत अच्छा लगता है साब।

जयसिंह : कमला, आज शाम को हम दोनों को कहीं बाहर जाना है।

कमला : बम्बई देखूँगी। कहेत हैं बहुत बड़ा शहर है।

जयसिंह : हम जहाँ जायेंगे वहाँ एक बड़ा त्योहार मनाया जा रहा है।

कमला : क्या वहाँ कृसन जी का मन्दिर है?

जयसिंह : नहीं?

कमला : राम जी का?

जयसिंह : नहीं। लेकिन वह बड़ी शानदार जगह है, जहाँ ऐसे त्योहार हमेशा मनाये जाते हैं। बहुत बड़े-बड़े लोग वहाँ आयेंगे। खाना-पीना होगा।

कमला : आप जाओ मालिक। हम वहाँ जाकर क्या करेंगे?

जयसिंह : वे लोग तुमसे मिलना चाहेंगे।

कमला : हाय दैया। मेरी ये सूरत। कपड़ा भी ठीक नहीं। मैं नहीं जाऊँगी।

जयसिंह : मगर तुम्हारे लिए ही सब हो रहा है।

कमला : मुझे शरमिन्दा ना करना। आप जाओ। आप तो बड़े आदमी।

जयसिंह : हम दोनों को जाना होगा। अकेला जाऊँगा तो सब मुझ पर नाराज़ होंगे। वे पूछेंगे, कमला कहाँ है?

कमला : कै देना, सफ़र करके आयी है, बीमार है। सच्ची। ऐसेई कै देना।

जयसिंह : *(क्रमश: स्वर, मुद्रा हार्डन होते जाते हैं।)* तुम्हें आना होगा कमला।

कमला : आपकी दासी हूँ। पै आज नई आऊँगी। कल नई तो परसों ठीक होने के बाद ज़रूर आऊँगी।

जयसिंह : तो हम भी नहीं जायेंगे।

कमला : ना, ना। आपको जाना पड़ेगा। कमला के लिए ऐसा नई करना, मालिक।

जयसिंह : मैंने कह रखा है कमला कि तुम्हें लेकर आऊँगा। अब तुम नहीं चलोगी तो सबके सामने झूठा कहलाऊँगा। इससे तो अच्छा है कि न जाऊँ।

कमला : *(कुछ देर रुककर)* तो हम बाद में कभी जायेंगे। हाँ।

[जयसिंह सोच में]

जयसिंह : कमला, तुम मेरा हुकूम नहीं मानोगी?

कमला : यह कैसे? आप कमला के मालिक हो।

जयसिंह : तो मैं हुक्म देता हूँ कि तुम्हें मेरे साथ वहाँ चलना पड़ेगा और आज ही चलना पड़ेगा।

[कमला चुप]

कमला : वाँ ऐसा है का?

जयसिंह : वहाँ हमारा बड़ा शानदार स्वागत होने वाला है। लोग तालियाँ बजायेंगे, बधाई देंगे। तुम्हारे लिए वहाँ ख़ास कुर्सी रखी होगी। उस पर तुम तशरीफ़ रखोगी।

कमला : कुर्सी? अपन तो नीचे ही बैठेंगे।

जयसिंह : तो लोग हमें हँसेंगे। यहाँ नीचे कोई नहीं बैठता। सब कुर्सी पर बैठते हैं।

कमला : आप...हमारे पास...रहोगे ना? देखो हमको भौत डर लगेगा।

जयसिंह : मैं तुम्हारे साथ रहूँगा। और लोग तुम्हारे साथ बात करेंगे।

कमला : हमारे साथ? हमको तो बातई करना नहीं आता। इत्ते मर्दों के सामने एक अनपढ़ औरत का कहेंगी?

जयसिंह : सिर्फ़ सवालों के जवाब देना।

कमला : कैसे सवाल?

जयसिंह : तुम्हारे बारे में ही वे कुछ पूछेंगे। तुम्हारा देश कैसा है? घरवाले कैसे हैं? वहाँ क्या काम करती थी? क्या खाती थी?

कमला : सब बताना पड़ेगा?

जयसिंह : हाँ।

कमला : हम घर में नंगे-भूखे रहें तो क्या वो सबको बताना पड़ेगा है?

जयसिंह : अच्छे लोग पूछते हैं, तो बताना अच्छा होता है।

कमला : आप मेरी मदद करोगे ना?

जयसिंह : जरूर करेंगे।

कमला : तो मैं आपई के साथ चलूँगी। पै यह कपड़ा ठीक नहीं है। कित्ता फट गया है। गन्दा है।

जयसिंह : *(जल्दी में)* डोंट वरी, कमला...यानी कि चिन्ता की कोई बात नहीं है...सब कुछ ठीक हो जायेगा। अब तुम अन्दर जाओ। बुलायेंगे तब आना।

कमला : *(उठते हुए)* जी। *(उठकर मर्यादा से भीतर जाती है।)* *(जयसिंह एक्साइटेड ही है। चक्कर लगा रहा है। कलाई-घड़ी देखता है। फ़ोन के पास नम्बर घुमाता है। काका साहब अपने गेस्ट रूम के बाहर आकर खड़े हैं—ये सब देखते हुए।)*

जयसिंह : *(रिसीवर पर)* मैं जयसिंह बोल रहा हूँ। सब पक्का है न? बहुत अच्छे। एवरिथिंग इज़ फाइन हियर। अरे बाबा, दुल्हन अब विवाह-वेदी पर बैठनी बाक़ी है केवल। नहीं समझे? कुड़ी दे फेरे बाक़ी ने! *(हँसता है)* करेक्ट साढ़े-पाँच। ऑन डॉट। कीप फ़ोटोग्राफ़र रेडी। ओ.के.? बाय। *(रिसीवर पिन पर रखता है।)* *[सरिता आती है। उसे काका साहब दिखे नहीं]*

सरिता : उसे लेकर जा रहे हैं?

जयसिंह : क्यों? क्या हुआ? समय है अभी...

सरिता : मुझसे एकाध साड़ी मेरी माँग रही है वह...

जयसिंह : *(तंग आकर)* कौन? कमला? बिल्कुल देना मत। कुछ देना नहीं उसे!

[सरिता इसके दबाव से कुछ दबी हुई]

मुझसे पूछे बिना कुछ देना नहीं, आई टेल यू।

सरिता : मैं पूछने के लिए ही आयी...

जयसिंह : मैं वही तुम्हें बता रहा हूँ। जो पहनी है, उसी साड़ी में प्रेस कॉन्फरेंस में आयेगी वह।

सरिता : औरत-जात है...उसकी साड़ी फटी है...

जयसिंह : *(आवाज़ चढ़ जाती है)* आई नो, आई नो। मुझे यह बताने की आवश्यकता नहीं, अंडरस्टैंड? मैं सब जानता हूँ वह जैसी है, मुझे वैसी ही प्रेस कॉन्फ्रेंस में दिखानी है। यह बहुत ज़रूरी है।

सरिता : ठीक है। *(भीतर जाती है।)*

जयसिंह : सरिता...सरिता...

(वह लौटती है।)

आई एम, सॉरी। कुछ ज़्यादा ही टेंस हूँ मैं आज। देख, इतनी प्रेस कॉन्फ्रेंस हो जाने दे।

सरिता : जाऊँ मैं?

जयसिंह : हाँ। चाय बना शानदार। वह अदरक-विदरक डालकर बनाती है, वही बना।

[सरिता भीतर जाती है। काका साहब अपनी जगह से आगे आते हैं।]

काका साहब : मेरे लिए भी बना सरिता। *(जयसिंह से)* कहाँ तक पहुँचा तुम्हारा षड्यन्त्र?

जयसिंह : षडयन्त्र?

काका साहब : आपके रक्त-व्यवसाय का षड्यन्त्र।

जयसिंह : *(ज़ोर से पर कुछ खोखली हँसी हँसकर)* हाँ, हाँ, चल रहा है।

काका साहब : मेरी कोई रुकावट हो तो निःसंकोच कह देना।

जयसिंह : कहूँगा, ज़रूर कहूँगा।

काका साहब : अभी कमरे में तुम्हारे अख़बार के पुराने अंक पलट रहा था, तो सहज ही एक विचार सूझा, बताऊँ?

जयसिंह : आपको अनुमति कब से लगने लगी?

काका साहब : हमारे ज़िले की तुम्हें जानकारी नहीं। वहाँ तुम्हारे आने जैसी कोई बड़ी झंझट होती नहीं, तो तुम्हें भी जानकारी कैसी हो? पर वैसे हमारा ज़िला भी काफ़ी मात्रा में झंझटिया है। मूलरूप से बड़ा अकाल-ग्रस्त है। इस कारण घूसख़ोरी खूब। इसके अलावा जुआ, मटका, हथभट्ठी की शराब, चकला, रिश्वतख़ोरी। बीच-बीच में ख़ून और बलात्कार भी। इसके पीछे रसूखदार व्यक्ति होने पर दमनचक्र। हरिजन हैं, इस कारण जब भी सम्भव हो तब अन्याय-अत्याचार भी हैं। इसके अलावा झमेला। मैं क्या कहता हूँ, मान लीजिए मेरा ग़रीब लंगोटी-पत्र मैंने आपकी तरह चलाने का तय किया...

जयसिंह : आप? और हमारी तरह से? फिर आपकी साधन-शुचिता का क्या?

काका साहब : उसे निकाल फेंका रे! वैसे 30 वर्षों से उसने क्या दिया? तो सुन लें। मैं तो नामधारी मालिक...घाटे का बित्ताभर अखबार का ही क्यों न हो, पर मालिक हूँ। अब मैं अपने पास तुम्हारे जैसे दो उठापटकी जवान लड़के रखूँगा...तुम्हारे जैसे कुशल नहीं होंगे वे, पर हमारे ज़िले में चल जायेंगे...

जयसिंह : *(मजे से)* अच्छा।

काका साहब : दौड़-धूप...तकनीक, गुप्तचरी आदि मार्गों से रोज़ ज़िले के कोने-कोने से नव-नवीन मसाला लाएँगे। उसमें नमक-मिर्च मिलाकर छापूँगा। रोज़ नयी सनसनी, नये धमाके, फ़रियादें, धमकियाँ, स्पष्टीकरण पर्दाफ़ाश, प्रति-पर्दाफ़ाश। बढ़ती बिक्री, बढ़ते विज्ञापन, बढ़ती आय। फिर हाथों में नोटों की गड्डियाँ लेकर दरवाज़ों पर लम्बा इन्तज़ार

करने वाले मुश्किलों में फँसे अमीर। मेरा अनुमान है कि चार से पाँच वर्षों के भीतर मेरा बंगला खड़ा हो जायेगा, देखना।

जयसिंह : *(व्यंग्यात्मक स्वर)* उसके लिए सारा कुछ...

काका साहब : हाँ, वैसे हमें तो तुम्हारे मालिक की तरह हर बड़े शहर में एक गगनचुम्बी इमारत और दो-तीन अख़बार जितना सधेगा नहीं। अपनी छोटी भूख। दसेक साल में काफी सम्पत्ति बन गयी तो बाद में बीवी-बच्चे बैठकर खायेंगे।

(जयसिंह चुप)

कैसा लगता है तुम्हें?

जयसिंह : *(कड़वाहट से)* आप कहना चाहते हैं कि पेटार्थी जर्नलिज्म का ही एक नया तरीक़ा है...हम जो कर रहे हैं वह...

काका साहब : यदि सध गया तो अच्छा तरीक़ा है। वैसे ख़तरा अधिक रहा, तो प्राप्ति भी उतनी ही है। उदाहरणार्थ, पाँच साल पहले करोल बाग़ के आउट हाउस में गृहस्थी बसाकर रहने वाले तुम, आज इस नीति बाग़ में इस छोटे-से ही क्यों न हो पर बंगले के बाशिन्दे हो। नौकर-चाकर हैं, गाड़ी है। विमान से देश में कहीं भी घूमते हो। पाँच सितारा होटल में ठहरते हो। विदेशी दूतावासों से तुझे पार्टियों के निमन्त्रण मिलते हैं। सीधे मन्त्री-मुख्यमन्त्री तक ही नहीं, प्रधानमन्त्री तक तुम्हारी पहुँच। क्या बुरा है? तात्पर्य, यह खेल जो खेल सकता है, उसे खेलने में क्या हर्ज है, सिर्फ़ वह जमना चाहिए।

जयसिंह : खेल!

काका साहब : वैसे शेर की सवारी करने जितना मुश्किल है वह, आसान नहीं।

जयसिंह : काका साहब, यह खेल नहीं और आप कहते हैं, वैसी बातों के लिए मैं खेलता भी नहीं।

काका साहब : सच कहते हो? फिर इतनी सारी जान की बाज़ी लगाकर तुम मुसीबतें क्यों झेलते हो?

जयसिंह : *(आवेश में)* इसके पीछे एक कमिटमेंट है, सोशल पर्पज है...फिर आप उसे क्यों नहीं मानते। मैं करता हूँ, हम करते हैं, वह किसी-न- किसी को करने की ज़रूरत है। देश के टोटल मॉरल रॉट में कोई तो मॉरल प्रिंसिपल, मॉरल नॉर्म्स, मॉरल वैल्यूज अपहोल्ड करे। जिनके हाथों में पॉवर मशीनरी है, उनकी मनमानी कोई तो रोके। समाज के वीक बैकवर्ड सेक्शन पर अटैक्स हो रहे हैं। उनके ख़िलाफ़ आवाज उठाने वाले कोई तो आज होना चाहिए। आज देश का कॉमन मैन एक बेहोशी में जीने जैसा जी रहा है। उसे बार-बार झिंझोड़कर वास्तविक स्थिति का अहसास कराने, उसे कॉन्संटाइज़ कराने उसे एक सोशल और पॉलिटिकल चेंज के स्ट्रगल के लिए प्रिपेयर करने के लिए एक शक्ति की ज़रूरत है।

काका साहब : और यह सब तुम कर रहे हो। आप लोग कर रहे हैं।

जयसिंह : यस, हम कर रहे हैं...

काका साहब : अंग्रेज़ी में।

जयसिंह : क्या कहा?

काका साहब : मैंने कहा, अंग्रेज़ी में आप ये सब कर रहे हैं।

जयसिंह : सो वाट्स रांग इन इट? दिक़्क़त क्या है?

काका साहब : दिक़्क़त कुछ नहीं रे। पर अंग्रेज़ी जानने का महाभाग्य जिन्हें मिला है, ऐसे इस देश के गिने-चुने 'सामान्य' लोगों के लिए ही यह होगा। और ये भाग्यवान लोग इस देश में सामाजिक और राजनीतिक परिवर्तन लायेंगे। बाक़ी के बहुसंख्य बेचारे अपनी बेहोशी में जीते रहेंगे। क्योंकि उन्हें अंग्रेज़ी नहीं आती और इसलिए आपका पढ़ नहीं सकते।

जयसिंह : काका साहब, जो कुछ कहना है सीधे-सीधे कहिए न...

काका साहब : कहूँ? यह आपका नया जर्नलिज़्म पैसे कमाने के लिए नहीं होगा न, तो वह बन्ध्या-सम्भोग है। तुम्हें यह कठिन मराठी शब्द समझ में नहीं आयेगा, इसलिए बताता हूँ, इससे कुछ भी निष्पन्न नहीं होगा। अरे, पहले लोगों की भाषा में बोलिए, लिखिए। फिर बताइए।

[सरिता चाय लेकर आती है। जय सिंह का टेंशन महसूस करती है। वह टेन्स में ही चाय पीता है।]

सरिता : *(काका को चाय देते हुए)* क्या हुआ? कोई विवाद हुआ लगता है...

काका साहब : *(दयनीय चेहरे से)* अरे नहीं...नहीं। अरी मैं इससे क्या विवाद करूँगा? वही आज सुबह से बहुत अपसेट लग रहा है...

[जयसिंह, काका साहब चाय पीते हैं। जयसिंह अब भी टेन्स। सरिता बैठकर देखती है।]

काका साहब : ए जयसिंह, अरे इतना क्या टेंस होना। ये सरिता को देखो चिन्ता में है।

[जयसिंह–जैसा था।]

मैं जाऊँ? इससे ठीक लगेगा? मेरा क्या, तैयार ही हूँ।

[जयसिंह उसी स्थिति में चाय पीता है।]

माफ़ी माँगता हूँ तेरी, अब तो ठीक है? वैसे शरीफ़ पत्रकार होने के कारण कितनी ही बार माफी माँगता हूँ...बिल्कुल बिना शर्त और पूरी तरह!

[जयसिंह थोड़ा रिलेक्स होता है।]

(सरिता से) अब कुछ ख़ुश हुआ। देख वह। ख़ुश हुआ न? पूरे मन से क्षमता माँगता हूँ...कहने पर ख़ुश हुआ...हूँ...

[कमला बाई आती हैं।]

सरिता : *(ध्यान जाकर)* क्या कमला बाई?

कमला बाई : इधर आइए। इस ओर आइए तो ज़रा।

सरिता : *(जाकर)* क्या है?

कमला बाई : ये क्या ले आये आप घर में?

सरिता : किस बारे में कह रही हैं?

कमला बाई : वह...अजूबा। साहब जो सुबह ले आये।

सरिता : उसका क्या?

कमला बाई : मुझसे पूछती है, तुम्हें ख़रीदा है या मज़दूरी पर रखा है? इतने पर रुकी नहीं। पूछती है, मज़दूरी कितनी देते हैं? क्या-क्या काम करती हैं? मुझे पूछती है ये! मैंने कहा, तू क्यों इतनी पूछताछ कर रही? तो क्या कहती है, मालूम है? नौकर को इतना सिर उठाकर बोलना नहीं चाहिए। कहती है, उपकार करने वाले के लिए ईमान से रहना चाहिए। मुझे कहती है...! मेरा कहना है, यदि यह यहाँ रहेगी तो मैं वापस फलटण चली जाऊँगी...मुझे एक दिन भी यहाँ रहना नहीं है...मेरा टिकट निकाल दीजिए...

सरिता : *(उन्हें पुचकारते हुए)* शान्त कमला बाई...मैं देखती हूँ क्या है बात...आप जाइए अपना काम कीजिए!
[कमला बाई भीतर जाती हैं।]

काका साहब : क्या हुआ कमला बाई का? कौन-सा भौंरा सता रहा है अब उसे?

सरिता : *(जयसिंह के होने के कारण विषय सीमित करते हुए)* कुछ नहीं। मामूली किचकिच।

काका साहब : अच्छा, अच्छा। फिर आपका गुप्त विषय शुरू हो गया लगता है। *(उठकर जाने लगते हैं।)* मैं अपने कमरे में जाता हूँ।

सरिता : वैसी बात नहीं काका साहब...

काका साहब : अजी इसमें क्या है, आप बोलें खुलकर...*(गेस्ट रूम में जाते हैं।)*

जयसिंह : कमला बाई से कहें, कल वह यहाँ नहीं रहेगी।

सरिता : फिर क्या करेंगे उसका?

जयसिंह : यहाँ के एक अनाथ महिला आश्रम में पहले ही व्यवस्था की है, हमने उसकी। कल वहाँ जायेगी।

सरिता : अनाथ महिला आश्रम में?

जयसिंह : यह भी वैसे आसान नहीं। पुलिस उसका क़ब्ज़ा लेने की कोशिश ज़रूर करेंगे। पर हम वैसा करने नहीं देंगे। हमने वकील तैयार कर रखा है।

सरिता : पुलिस को इससे क्या करना है?

जयसिंह : बेवकूफ़ की तरह पूछो मत। आदमी की बिक्री करना जिस तरह अपराध है, उसी तरह आदमी ख़रीदना भी इंडियन पैनल कोड के अनुसार अपराध है। इस बारे में मुझ पर केस और सज़ा भी हो सकती है मुझे।

सरिता : इतना होते हुए यह क्यों करना चाहिए था?

जयसिंह : इसके बिना इस बात की गम्भीरता किसी की समझ में आने जैसी नहीं थी।

सरिता : सज़ा हो गयी तो?

जयसिंह : होने ही दे। सीधे सुप्रीम कोर्ट तक मेरा सम्पादक यह केस लड़ने वाला है। इस निमित्त इस समस्या को उतनी प्रसिद्धि मिलेगी और सज़ा शायद नहीं होगी, क्योंकि अपना पक्ष हमने क़ानूनी रूप से व्यवस्थित किया है। बहुत विचारपूर्वक ये सब तय किया गया है।

सरिता : विचार उसका किया था?

जयसिंह : किसका? कमला का? उसका क्या, जैसी थी उस स्थिति से अनाथाश्रम तो सुकून ही लगेगा उसे। कुछ न करते हुए दोनों समय खाना मिलेगा। सिर पर पक्का छप्पर। शी विल बी मोअर देन हैप्पी। आदिवासियों के एक दंगे में कुछ आदिवासी औरतें सज़ायाफ़्ता होकर जेल में गयीं। जेल में मैंने उनका इंटरव्यू लिया, तब वे ख़ुश लगीं। बोलीं, यहाँ बहुत

अच्छा है। कुछ व्यवस्था कर हमारे लिए यहीं हमेशा के लिए रखने की सुविधा करें।

सरिता : उसे तुरन्त ही अनाथाश्रम में भेजना मुझे ठीक नहीं लग रहा।

जयसिंह : ये देखो, यूँ ही भावुकता भरा विचार करो मत। उसकी दृष्टि से सोचो। उसे इसमें कुछ नहीं लगेगा। शी मस्ट गो देयर टुमॉरो। आज की प्रेस कॉन्फ्रेंस होते ही उसका यहाँ का काम खत्म होगा। बाद की सारी व्यवस्था की गयी है। *(घड़ी देखकर)* चलो, चलना चाहिए। भेजो उसे।

[विचारमग्न सरिता भीतर जाती है। कमला को साथ लेकर आती है। तब तक जयसिंह वहीं तैयार होता है।]

जयसिंह : चलो कमला...

(काका साहब कमरे से बाहर आकर देख रहे हैं। कमला के शरीर पर जो भी कपड़े हैं, उससे अपनी सारी देह ढँक लेती है। जयसिंह के पीछे-पीछे कमला बाहर जाती है। सरिता, काका साहब वैसे ही खड़े हैं। फ़ोन बजने लगता है।)

[परदा गिरता है]

अंक दूसरा

[रात। ड्राइंग रूम।

बेल बजती है।

सरिता जाकर दरवाज़ा खोलती है।

जयसिंह, जैन आते हैं। कमला उनके पीछे-पीछे आती है।

आते ही भीतर जाती है।

सबसे पीछे सरिता आती है।

जयसिंह और जैन अच्छे-खासे पीये हुए और मजे में हैं।

जयसिंह अपने आप पर ख़ुश दिखता है।]

जैन : तू चुप रह बे! साले तू दोपहर में इसके लिए मुझे उस भीतर के टायलेट को जाने नहीं दे रहा था। भीतर का टायलेट ख़राब...क्यों ख़राब है। *(सरिता से)* ही इज़ ए फर्स्ट क्लास रास्कल, आइ टेल यू भाभी। साला दोस्तों से बातें चुराकर रखता है? चुराकर? पर हम इस रास्कल को सलाम करते हैं। कारण वह महारास्कल है, सादा रास्कल नहीं। प्रेस कॉन्फ्रेंस पूरा स्कोअर कर डाला। सारे आँखें फाड़कर देखते बैठे हमारे यस रिपोर्टर्स। किसी को पता नहीं और मैडम कमला को प्रस्तुत किया इसने। सनसनीखेज स्कूप। वीथ कॉंक्रीट एविडंस। ग्रेट रास्कल, सलाम करते हैं हम तुमको।

जयसिंह : जाने दे रे। एवरीथिंग इज़ फेअर इन लव एंड...

जैन : सेंसेशनल जर्नलिज़्म! तेरा ठीक है, पर हमारा सम्पादक कल से अब हमारी पूँछ एँठेगा। कहेगा लुक व्हाट जयसिंह ब्रॉट! यू हैव टु ब्रिंग समथिंग स्टिल मोअर एक्सप्लोजिव, सेंसेशनल!

[काका साहब कमरे से आते हैं।]

जयसिंह : *(ख़ुशी से)* आइए न काका साहब, बैठिए।

काका साहब : सो रहा था। कुछ तो ज़ोर-ज़ोर से चल रहा था, सुना इसलिए बाहर आया। कुछ निजी होगा, तो जाता हूँ।

जयसिंह : अब कुछ निजी नहीं। निजी समाप्त। कल के अख़बार में सब आयेगा। ओ सॉरी...अरे जैन, ये इसके चाचा। *(सरिता से)* तुम भीतर से पानी ले आओ। *(फिर जैन से)* शिवाजीराव मोहिते... जर्नलिस्ट...इनका अपना अख़बार है...काका साहब, ये जैन...

जैन : *(काका साहब से)* ग्लॅड टू मीट यू, काका साहब। हमारा यह दूसरी बार परिचय हो रहा है...कोई हर्ज नहीं।

जयसिंह : ओ सॉरी, पहले परिचय हो गया है आपका? मेरे ध्यान में ही नहीं रहता...।

जैन : तुम्हारे उस आउटहाउस के निवास में काका साहब आये थे, तब पहचान हुई थी हमारी। काका साब, आपके जमाई ने आज ज़ोरदार तमाशा दिखाया।

जयसिंह : नाटक कहो, नाटक...

जैन : प्रेस क्लब के नाटकों को तमाशा ही कहते हैं। *(सरिता पानी लेकर आती है।)* भाभी, इसकी हिरोइन ने तो शबाना और स्मिता की छुट्टी कर डाली। कहाँ गयी वह? भीतर गयी। *(जयसिंह को)* नमूना-पर-नमूना खोज कर लाया...*(सरिता और काका से)* केवल आना और बैठना...बस इतने में ही आधी प्रेस कॉन्फ्रेंस खा गयी वह। फिर हमारे लोग सवाल

की तोप दागने लगे। फ़ोटोग्राफ़र्स एंगल पकड़ने के लिए छटपटा रहे थे। इतने में किसी ने फ़ोटो के लिए आँचल चेहरे से हटाने का आग्रह किया। एक ने तो हाथ पकड़कर पोज़ देने की कोशिश की। हमारे लोगों की यह हमेशा की बात है। पर ज़िन्दगी में पहली बार ऐसा कुछ देखने वाली यह औरत...मुझे तो लगा था, यह प्रेस कॉन्फ्रेंस छोड़कर भाग तो नहीं जायेगी...

जयसिंह : *(ड्रिंक्स तैयार कर रहा है)* वैसा हुआ ही होता...पास में मैं था और लगातार पुचकार रहा था, इसीलिए किसी तरह टिकी वह...*(काका को)* काका साहब, लेंगे? *(काका साहब मना करते हैं। सरिता से)* तुम? *(सरिता ना कहती है।)*

जैन : *(जयसिंह द्वारा दिया गया गिलास स्वीकार करते हुए)* चीयर्स। सवाल का तो मज़ा ही था। हममें से कुछ जर्नलिस्ट इतने मूर्ख हैं, इतने मूर्ख हैं कि प्रश्न पूछते समय मन्त्री और आदिवासी के बीच का अन्तर उनकी खोपड़ी में आता ही नहीं। एक ने चश्मे की काँच से आँखें फाड़कर पूछा, आपके इलाक़े की महत्त्वपूर्ण समस्याएँ कौन-सी हैं?

जयसिंह : प्रश्न नहीं थे, समस्याएँ...प्रॉब्लम्स...उस औरत से पूछता है वह...समस्याएँ...*(हँस लेता है।)*

जैन : तो दूसरा पूछता है, आदिवासियों के इकॉनामिक एक्सप्टलाइटेशन के बारे में आपकी क्या राय है जी?

[दोनों हँसते हैं। पीते हैं।]

जयसिंह : इससे तो गुप्ता जी का सवाल...

जैन : कौन-सा रे?

जयसिंह : अबब दि पावर्टी लेन एंड बिलो दि पावर्टी लेन...

जैन : हो हो हो, वो! जवाब नहीं *(हँसते हैं)* साला ज्यों दिल्ली स्कूल ऑफ इकॉनामिक्स से पढ़कर कमला

देवी प्रेस कॉन्फ्रेंस देने आयी! दैट वाज स्मैशिंग, आई मस्ट से...

[दोनों हँसते हैं]

जयसिंह : दिन में एक बार पावर्टी लेन का कम-से-कम एक बार लटकाये बिना गुप्ता जी को ज्यों चैन नहीं पड़ता...

जैन : कोई तो प्रेस क्लब में कह रहा था, गुप्ता जी का आजकल पता ही; पावर्टी लेन, ठीक सोशलिज़्म के सामने, अशोका विहार, नयी दिल्ली है!

जयसिंह : *(पीते हुए)* दैट्स ए गुड वन।

[सरिता भीतर जाने लगती है।]

जैन : कहाँ जा रही हैं भाभी? रुकिए। असली तो आगे है, क्यों रे?

[जयसिंह पीते हुए सिर हिलाता है।]

हममें से कुछ शुद्ध गधे वैसे कुछ बड़े होशियार। सामने जो भी होगा, उसके वे बाप बन जाते हैं। एक सवाल आया, आप लोगों में फ्री सेक्स होता है, तो अवैध सन्तानों का क्या करते हैं?

जयसिंह : उनके विचार से दुनिया के तमाम आदिवासी रात-दिन फ्री सेक्स करते नाचते रहते हैं। नॉनसेंस!

जैन : उसके साथ दूसरे को खुजली उठी। उसने पूछा, आप भी तो फ्री सेक्स करती होंगी, तो आज तक कितने मर्दों के साथ सेक्स का अनुभव किया है?

सरिता : *(बेचैन होकर)* शर्म कैसे नहीं लगती यह पूछने में?

जैन : होगी तब लगेगी न?

जयसिंह : *(पीते हुए)* आगे सुनो तुम...

[सरिता उठती हैं। काका साहब उसे बैठाते हैं।]

जैन : हमारा चाँद वासवानी उठकर हाथ चमकाते डाँटते हुए बोला कि कमला, इसने...यानी जयसिंह जाधव ने...तुम्हें कहाँ ख़रीदा, यह सच-सच बता। बाज़ार

में या घर गया था! डरो मत। भगवान की क़सम खाकर जवाब दे। वैसे पत्रकार है फिर भी प्रश्न पूछते समय वासवानी स्वयं को कोर्ट में जिरह कर रहा है, यही समझता है।

जयसिंह : थर्ड क्लास एल.एल.बी. है वह...

जैन : दुबे ने यहाँ हमेशा की तरह अपनी आदत के अनुसार मज़ाक करने की कोशिश की। उसका सवाल...क्या था रे?

जयसिंह : इस नये सेठ के साथ...

जैन : याद आया। *(वैसी आवाज़ निकालते) हुए* इस नये सेठ के साथ थोड़ा-बहुत फ्री सैक्स किया होगा तुमने...तो इसके बारे में कुछ तो हमें बताओ...कुल मिलाकर अनुभव कैसा रहा?

काका साहब : यह आपकी प्रेस कॉन्फ्रेंस!

जैन : *(पीते हुए)* यह केवल आज की प्रेस कॉन्फ्रेंस!

जयसिंह : *(पीते हुए)* एक मिनट। ग़लतफ़हमी मत कर लीजिए, काका साहब। वैसे स्थिति गम्भीर रही तो अच्छा और सटीक सवाल भी पूछते हैं हमारे लोग। कई बार तो मज़बूत नेता की नाक में दम कर देते हैं।

जैन : ऑफ़ कोर्स। पर उसके लिए स्थिति गम्भीर होनी चाहिए।

काका साहब : तो आज क्या हँसी-मज़ाक़ की बात थी?

जयसिंह : वह बात नहीं...पर पहला धक्का ढलने के बाद लोग कुछ रिलेक्स हो गये।

जैन : रोज़ की राजनीति का मामला नहीं है यह देखकर उन्होंने मौज की।

काका साहब : मौज! डरा ग़रीब औरत की मौज!

जयसिंह : ये सब क्या हो रहा है, उसे यह समझ में नहीं आ रहा था।

सरिता : कैसे?

जयसिंह : अरी, मैं उसके पास ही था न! एक-दो बार... *(काका साहब से)* प्लीज़ डोंट मिसअंडरस्टैंड... लोग हँस रहे थे, इसलिए वह भी हँसी। समझ में कुछ नहीं आया था उसके। समझ में आयेगा, ऐसी मेरी अपेक्षा भी नहीं थी। मुझे केवल उस एक एविडेंस...सबूत...के रूप में प्रज़ेंट करना था; वह हुआ।

जैन : इट वॉज ए वेरी सक्सेसफुल एंड कनविसिंग प्रेस कॉन्फ्रेंस, रिअली।

जयसिंह : *(सरिता से)* बोलने का काम मैंने ही किया, वह केवल बैठी रही। पूछ इसे।

जैन : *(ऊसाँसें भरकर)* अब मुझे कहाँ जाकर क्या पकड़कर लाना है, यह सवाल है! *(जयसिंह से)* आई विल स्कोअर ओवर यू, यू विल सी, यू बास्टर्ड...*(काका साहब समझकर जीभ चबाकर)* सॉरी। अब भी प्रेस क्लब में हूँ, ऐसा ही लगता है!

जयसिंह : *(सरिता से पीते हुए)* हम बेवजह बहुत सेंटिमेंटली देखते हैं। वैसे जंगलों में रहने वाले ये लोग काफी रोबस्ट होते हैं। दे कैन टेक मेनी थिंग्स। आपको बताऊँ, काका साहब, भालू द्वारा हड्डी निकाले हुए आदिवासी, मिशन हॉस्पिटल में अपने पैरों पर चलकर आये मैंने देखे हैं। बिना एनस्थेशिया वहाँ जंगलों में उनके ऑपरेशन ये मिशनरी लोग करते हैं, हूँ-हाँ तक नहीं करता आदमी! जन्म से सहनशील।

काका साहब : इसलिए हमें उनकी सहनशीलता की पराकाष्ठा देखनी चाहिए!

जयसिंह : यह नहीं कहता मैं...

सरिता : उसे उल्टे-सीधे प्रश्न पूछे जाते समय, उसका मज़ाक होते समय चुपचाप बैठे देखते रहे आप?

जयसिंह : तुम दोनों की कुछ ग़लतफ़हमी हो गयी है। जैन, तुमने हमेशा की तरह ग़लत चित्र उपस्थित

किया है यार। *(सरिता से)* ये देख, कुछ ठीक से और सरल सवाल भी पूछे गये वहाँ...

जैन : बिल्कुल! ऑफ़ कोर्स!

जयसिंह : और मैं वहीं बताने की कोशिश कर रहा हूँ कि कुछ सवालों में तुम्हें और मुझे लगा कि वह उसके गाँव में भी नहीं था। कई सवाल उसकी समझ में आये ही नहीं।

काका साहब : इससे, उसका जो मज़ाक हुआ, वह बदलता नहीं...

जयसिंह : फिर वैसे दिल्ली में प्रेस कॉन्फ्रेंस देने वाले हरेक का ही थोड़ा-बहुत मज़ाक होता ही है, काका साहब। इट्स ऑल इन दि गेम।

जैन : ही इज़ राइट देअर। जिसे अपनी हँसी ही न हो, ऐसा लगता होगा न, उसे दिल्ली में प्रेस कॉन्फ्रेंस लेनी ही नहीं चाहिए।

सरिता : प्रेस कॉन्फ्रेंस उसने ली नहीं थी।

जैन : *(जय सिंह से)* शी हैज ए पॉइंट देअर! प्रेस कॉन्फ्रेंस तूने ली थी।

जयसिंह : *(तंग आकर)* तू दोनों ओर से बोल...

जैन : *(कांधे उचकाकर)* सत्य मानना चाहिए, फिर वह किसी भी पक्ष का क्यों न हो।

जयसिंह : *(काफी मात्रा में पी ली है।)* प्रेस कॉन्फ्रेंस मैंने अपने फ़ायदे के लिए नहीं ली। आदमी के बाज़ार का महाभयानक सत्य बाहर आये, इसलिए मैंने प्रेस कॉन्फ्रेंस ली।

काका साहब : और एक स्त्री का बाज़ार किया।

जयसिंह : *(चढ़ी हुई आँखों से)* क्या कहा?

काका साहब : एक स्त्री का...उस अनाड़ी और ग़रीब स्त्री का बाज़ार किया!

जयसिंह : *(एकदम एक्साइट होकर उठते हुए, आवाज़ चढ़ाकर)* वापस लीजिए यह स्टेटमेंट...वापस लीजिए...

[सरिता अलार्म्ड। उठकर दोनों के बीच आती है।]

सरिता : *[जयसिंह से]* बैठिए तो आप। बैठिए पहले। *(ज़बरदस्ती बैठाती है।)*

जयसिंह : *(गुर्राते हुए)* ही हैज टु अपॉलोजाइज फ़ार दिस...

सरिता : *(काका साहब से)* मानिए मत बुरा कुछ। इनका ऐसा ही है। *(जयसिंह से)* खाना खा लीजिए चलिए आप... *(जैन से)* आप खाना खायेंगे?

जैन : *(नर्वस)* अंह, नहीं। पत्नी घर में राह देख रही होगी। दोपहर में खाने पर घर नहीं था। रात को तो *(नर्वस हँसता है।)* पहुँचना चाहिए। नहीं तो हमेशा के लिए बाहर हो जाना होगा। *(जयसिंह से)* सी यू रास्कल... *(सरिता से)* इधर इसे बरदास्त नहीं होती ड्रिंक। *(काका साहेब से)* नमस्ते...

(जैन जाता है। वातावरण में अब भी टेंशन।)

काका साहब : आइ अपॉलॉजाइज। मैं तुमसे माफ़ी माँगता हूँ, जयसिंह।

जयसिंह : आई एम सॉरी। मेरा सन्तुलन एकदम बिगड़ गया था। (याद करके) आपने भोजन किया?

सरिता : मैंने उन्हें भोजन करा दिया है। आपके आने तक रुकता हूँ, कह रहे थे।

काका साहब : गुड नाइट जयसिंह। गुड नाइट सरिता।

जयसिंह : गुड नाइट।

[काका साहब कमरे में जाते हैं। सरिता, जयसिंह के बीच बेचैन स्तब्धता। जयसिंह और पीने लगता है।]

सरिता : *(हाथ का गिलास लेकर अलग रखती हुई)* अब बस।

[सरिता जयसिंह के बहुत करीब है। उसका फिजिकल प्रेज़ेंस जयसिंह महसूस करता है।]

जयसिंह : *(इससे क्रमश: उत्तेजित होता)* आइ एम सॉरी। काफ़ी दिनों के टेंशन के बाद एकदम रिलीफ आया है।

सरिता : इसलिए कोई बुजुर्ग व्यक्ति का अपमान करता है?

जयसिंह : सॉरी कहा न। उन्हें कहा; तुमसे कह रहा हूँ। *(उसका हाथ हौले से पकड़ता है।)*

सरिता : *(हाथ छुड़ाते हुए)* चलिए, भोजन के लिए उठिए।

जयसिंह : *(हाथ पकड़े रखते हुए)* भूख नहीं है।

सरिता : ड्रिंक्स के बाद खाना अच्छा होता है।

जयसिंह : *(और उत्तेजित होते)* आज नहीं।

[उसके भीतर के परिवर्तन को सरिता समझती है। वह बेचैन है।]

जयसिंह : जरा ऊपर चल।

सरिता : *(स्वयं भी जाने बिना कुछ दृढ़ता से)* नो।

जयसिंह : फिर मैं खाना खाऊँगा। हम दोनों खाना खायेंगे।

सरिता : *(संयम न छोड़ते हुए)* अं हं; छोड़िए हाथ। मुझे काम है।

जयसिंह : *(अब उसे आगोश में पकड़ने के लिए छटपटाते हुए)* काम बाद में। पहले ऊपर चल।

सरिता : *(ज़ोर से उसे झटकते हुए)* दूर हटिए। क्या है यह?

जयसिंह : *(हर्ट)* क्या हुआ? क्या किया मैंने? तूने क्यों ऐसा चेहरा बनाया? क्यों दूर ढकेला मुझे? यू हैव नेवर डन दैट बिफोर!

(सरिता को मन से एवर्जन) जवाब देने की स्थिति में वह नहीं।

जयसिंह : बता ना। पति हूँ मैं तुम्हारा, क्या ऐसा अनुचित माँगा मैंने?

[सरिता एवर्जन कंट्रोल करने की कोशिश करती है।]

जयसिंह : यू मस्ट टेल मी। आई मस्ट नो। डोंट आई हैव दि राइट टु हैव माई वाइफ व्हेन आई फील लाइक इट? डोंट आई? मेरी यह भी भूख है...छह दिनों से भूखा हूँ मैं...खाने को माँगा तो ग़लती क्या है? जवाब दो इसका।

[सरिता भीतर चली जाती है।]

जयसिंह : सरिता...

[वह चली गयी है।]

(मुट्ठी पटकते हुए) दि बिच!

[कुछ देर तक खड़ा रहा। फिर गिलास का बचा हुआ ड्रिंक एक घूँट में ख़त्म कर ऊपर चला जाता है। कुछ समय के लिए हॉल वैसा ही बिना किसी के। तेज़ रोशनी। फिर प्रकाश योजना बदल कर मन्द होता है। कितना समय बीत गया, किसे पता। क्रमश: ध्यान में आता है कि एक ओर सरिता अकेली ही बैठी है। घड़ी की टिकटिक आधीरात्रि का बोध कराती है। सरिता की हलचल नहीं। सोयी है या जग रही है, यह भी ठीक से मालूम नहीं होता। भीतर से एक आकृति झाँकती है। फिर हाल में कोई नहीं है, यह सोचकर धीरे-धीरे आगे आती है। यह कमला।]

सरिता : क्या है कमला?

[कमला चौंकती है। जल्दी में मुड़कर भीतर जाने लगती है।] ठहरो कमला।

[कमला थम जाती है। सरिता बड़ा दीया लगाती है। कमला ने चेहरे पर बड़ा आँचल ओढ़ा है।]

क्या चाहिए?

[कमला वैसी ही खड़ी। फिर नकारार्थी गर्दन हिलती है।] तुम सोयी नहीं?

[कमला पहले तो स्तब्ध। फिर नकारार्थी गर्दन हिलती है।] क्या नींद नहीं आती?

[कमला की गर्दन हाँ में हिलती है।] तो यहाँ किसलिए आयी थी?

कमला : *(काफी समय लेकर)* ऐसई।

सरिता : *(किसी शंका से)* कमला, तुम यहाँ से भागना तो नहीं चाहती?

कमला : भाग के कहाँ जाऊँगी?

सरिता : *(बैठते हुए)* बैठो, कमला।

[कमला कुछ समय में ज़मीन पर बैठ जाती है।]

ऊपर बैठो न। हम कहती है ऊपर बैठो।

कमला : *(ज़मीन पर ही)* आदत तो पड़ गयी है। यहाँ ठीक लगता है।

सरिता : कमला, कमला बाई सो गयी?

कमला : हऔ लम्बे-लम्बे खर्राटे भर रई है। आप नहीं सोयीं? आप क्यों यहाँ जागती थी?

सरिता : वैसी ही, नींद नहीं आती थी इसलिए।

कमला : हाय दईया! तुमको भी नींद नहीं आती?

सरिता : हाँ।

कमला : नींद कायको नई आती?

सरिता : कभी-कभी उड़ जाती हैं।

कमला : तुम यहाँ सोती है?

सरिता : नहीं, ऊपर सोने का कमरा है।

कमला : ऊपर भी कोई कमरा होता है?

सरिता : हाँ, कमला।

कमला : मइया रे मइया! इत्ता बड़ा मकान *(कुछ रुककर)* और कित्ता ख़ूबसूरत। हमारे यहाँ राजाजी का महेल भी इतना ख़ूबसूरत नई है।

सरिता : तुम्हें ये घर पसन्द आया, कमला?

कमला : हाय दईया, किसको पसन्द नहीं आयेगा? यहाँ क्या नई है? सब कुछ है। जैसे सपना होय। सच्ची *(रुककर)* वो काँ सोते हैं?

सरिता : कौन?

कमला : वो...वो...जिन्ने हमें ख़रीदा!

सरिता : ऊपर वाले कमरे में।

कमला : तो ऊपर वाला कमरा सबसे बढ़िया ही होगा। *(रुककर)* घर के मालिक है न। मालिक का सब

अच्छा ही होना चाहिए। *(रुककर)* बाल-गुपाल नई दिकतें?

सरिता : बाल गोपाल? बाल-गोपाल कौन हैं?

कमला : बच्चे।

सरिता : हमारे बच्चे नहीं हैं। *(कमला चुप हो जाती है।)* क्यों? चुप क्यों हो गयी?

कमला : ऐसई। *(रुककर)* भगवान की कैसी लीला! इत्ता बड़ा घर और...

सरिता : *(मजे से नाटकीयता ओढ़कर)* हाँ, कमला। घर काटने को आता है। बड़ा सूना लगता है।

कमला : इलाज कराये?

सरिता : किये। कोई नतीजा नहीं।

कमला : *(रुककर)* मालिक भौती दुखी होयेंगे।

सरिता : तो

[कमला फिर कुछ देर के लिए चुप।]

कमला : एक बात पूछें बीवी जी, ग़ुस्से तो नई होयेंगी?

सरिता : नहीं। पूछो।

कमला : तुम्हें कित्ते में ख़रीदा?

[सरिता पहले तो चकरा जाती है।]

सरिता : क्या?

कमला : मैंने पूछा, तुम्हें कित्ते में ख़रीदा?

सरिता : *(सँभलते हुए)* मुझे?...देखो कमला...*(इरादा बदलकर उसकी बगल में बैठकर)* सात सौ में।

कमला : हाय दईया। सात सौ?

सरिता : क्यों कमती दिये?

कमला : *(रुककर)* सौदा भौती महँगा पड़ा बीवी जी। सात सौ कलदार गिन्ने के बाद बाल-गुपाली ना होये तो।

[सरिता दुखी चेहरा बनाकर बैठती है।]

ऊपर से कपड़ा उठायें, रोटी खिलाएँ। सच्ची भौती दरद होता होयेगा, सच्ची!

सरिता : कमला, तुम्हारे कितने बच्चे हैं?

कमला : होंगे तो जित्ते कहो उत्ते। मैनत-मजूरी बी कराय लो। मैं ख़ूब कर सकती हूँ। साम से सुबे तक किनी कराय लो। बीवी जी ज़मीन जायदाद है कुछ उनकी?

सरिता : किसकी? *(ध्यान में लाकर)* हमारे मालिक की यही ही है बस।

कमला : खेती-बारी?

सरिता : ना।

कमला : बुरी बात। खेती होये तो सोना बरसे। हमें वो भी आता है। तुम्हें आता?

सरिता : नहीं आता।

कमला : *(सोचते हुए)* हूँ! *(विचारों में खो गयी।)*

सरिता : क्या सोच रही हो कमला?

कमला : *(विचारों में ही)* ऐसेई।

सरिता : कुछ तो सोच रही हो। बताओ।

कमला : ऊँ हूँ।

सरिता : *(कुछ इन्तजार कर)* बताओ तो सही।

कमला : *(मन की तैयारी करती है। फिर गम्भीरता से)* बीवी जी, बुरा नई मानना तो कयें। मालिक ने तुमे ख़रीदा, हमें बी ख़रीदा। दो-दो लुगाई पै भौत दाम लुटा। है ना? दाम कमाना आसान थोड़ई। बैल की नाई खपना पड़े मरद को। तो बीवी जी अपन दोई को याँ मिल के रेंना चइए। दोई भैन होएं ऐसे। मालिक को खुस रखेंगे। जायदाद फैलायेंगे। मालिक के लिए बच्चे जनेंगे। मैं मैनत करूँगी, बच्चे निकालूँगी, बड़ा करूँगी, तुम लिखा पढ़ी जानतो तो घर का हिसाब-किताब रखना। बढ़िया-बढ़िया जंफर पेन के मालिक के संग-संग डोलना। तीज-तेवहार के दिन बाहर सैर करना। जैसे आज। अपन से नई होयेगा जे सब। अपन भले अपना घर भला। हाँ, ज़मीन अपनी

होनई चइए। तुम फिकर नई करना, मेरा ज़िम्मा वो। मईने में पन्दरा रात तुम मालिक के संग सोना, पन्दरा रात हम सोयेगा। हम सोयेंगा। है मंजूर?

सरिता : *(इससे चकरा गयी, मूव भी हो गयी)* मंजूर है।

कमला : मालिक से तुमी कैना हाँ। कैना कमला सब में राज़ी है।

सरिता : तुम्हीं कह दो ना।

जयसिंह : हाय दइया हम? मालिक से बोलते समय शरम आती है मरी। वो इत्ते बड़े आदमी औ हम अनाड़ी गँवार...हमसे न होयेगा।

सरिता : *(मन की कुछ तैयारी करके)* ठीक है, कमला। मुझी को कहना पड़ेगा।

[इन दोनों पर दृश्य लुप्त होता है। फिर प्रकाश आता है तब सुबह। अकेला जयसिंह बिना नहाये-धोये सुबह का अख़बार लेकर डायनिंग टेबल पर बैठा दिखता है। अभी-अभी चाय हो गयी है। जयसिंह ने एक अख़बार में दिमाग़ घुसाया हुआ। काका साहब आते हैं कमरे से]

जयसिंह : (अख़बार में से ही) गुड मॉर्निंग।

काका साहब : मॉर्निंग *(डायनिंग टेबल पर सामने बैठते हैं। चश्मा चढ़ाते हैं। जयसिंह जो अख़बार नहीं देख रहा, उसमें से एक अख़बार उठाकर)* इसे जरा देखूँ?

जयसिंह : ओ यस देखिए न।

[काका साहब अख़बार पढ़ने लगते हैं। जयसिंह भी यही कर रहा है। सरिता ऊपर से आती है। भीतर जाने लगती है। जयसिंह उसे देखने जैसा करता है और फिर अख़बार में खो जाता है। काका साहब इस कारण, आयी सरिता को देखते हैं।]

काका साहब : देरी से उठी लगता है?

['हूँ' कहती हुई सरिता भीतर जाती है।]

जयसिंह : *(अख़बार देखते)* कमला बाई, काका साहब के लिए चाय।

काका साहब : *(अख़बार से नज़र हटाकर जयसिंह को देखते हुए)* मैं सरिता के साथ ही लूँगा। बेकार में तीन-तीन बार तकलीफ़ क्यों?

जयसिंह : *(अखबार देखते हुए)* तकलीफ़ कैसी। कमला बाई इसी के लिए ही हैं। वी पे हर फॉर दैट।

[काका साहब कुछ नहीं कहते। अख़बार देख लेते हैं। जयसिंह अब हाथ का अख़बार टी पॉय पर रखकर सिगरेट सुलगाता है। तृप्त कश लेता है।]

काका साहब : आज सारे अख़बारों ने ख़बर छापी है लगता है।

[जयसिंह कुछ कहता नहीं। कश लेता है।]

[दोनों के बीच जमी 'बर्फ़' तोड़ने के ही उद्देश्य से] कमला दूसरे फ़ोटो में अलग लगती है।

जयसिंह : *(विवश होकर स्वयँ में खोकर)* हूँ।

काका साहब : तूने निश्चित कितने दिये उसे खरीदने के लिए? यह अख़बार कहता है ढाई सौ, पर इसमें साढ़े तीन सौ हैं।

जयसिंह : ढाई सौ।

काका साहब : इसमें भी हरेक का अलग कुछ तो है ही। सच है, फिर भी एक-सा ही सब छापते नहीं। हरेक का एक्सक्लूसिव सत्य है।

जयसिंह : हमारा अख़बार देखिए। उसमें जो आया है एक्यूरेट है।

काका साहब : रात में तूने प्रेस कॉन्फ्रेंस के बारे में बताया, उस हिसाब से सबने गम्भीरता से लिया इस बात को। कम-से-कम छापते समय तो सबने जिम्मेदारी से छापा।

जयसिंह : दे आर रिस्पांसिबल पीपल...जनरली। लगते हैं वैरो वे फ्रीलांस नहीं होते। *[इसे ज़रा ज़ोर देकर]*

काका साहब : *(यह समझकर)* अच्छा है।

[दोनों चुपचाप बैठे हैं। फ़ोन बजता है। जयसिंह जाकर उठाता है]

जयसिंह : *(रिसीवर पर)* थैंक यू, थैंक यू। 'सो नाइस ऑफ यू।'

[रिसीवर रखता है। फ़ोन फिर बज उठता है।]

काका साहब : शुरू हो गया।

[जयसिंह फ़ोन डायनिंग टेबल पर ले आता है।]

जयसिंह : *(फ़ोन उठाते हुए)* पढ़ लेया? किसीना किराने ताँ कई नाइसी। बाक़ी सब ठीक है ना? थैंक्स अगेन, बाय...

[रिसीवर रखता है। फ़ोन फिर बजने लगता है।]

जयसिंह : *(केज्युअली ही)* ओह, डैम! *(रिसीवर उठाता है।)* हैलो, हैलो...हैलो...जयसिंह हियर...अच्छा लगा? बहुत अच्छे। थैंक यू डियर। डिनर? व्हाई नॉट? श्योर बुध को सुबह रिमाइंड करना। बाय...

[रिसीवर रखता है। काका की ओर अपनी चाय लेकर सरिता आकर बैठती है। फ़ोन फिर घनघनाने लगता है। जयसिंह 'ओ हेल' जैसा कुछ तो फुसफुसाता हुआ रिसीवर उठाता है।](रिसीवर में) बोलिए रामभाऊ, पढ़ा क्या? सही है। बहुत भयानक है यह। हा...हा...। आंऽ? है ना। याद है। नहीं। भाषण करना पसन्द नहीं मुझे। सवाल-जवाब होगा तो आऊँगा। ठीक...ठीक है देखेंगे। मिलिए।

[रिसीवर रखता है। अब फिर फ़ोन बजता नहीं। काका साहब को रिलीफ। जयसिंह आने वाला फ़ोन एंटिसिपेट करने जैसा। पर वह आता नहीं।]

सरिता : मैं लूँ क्या फ़ोन्स?

जयसिंह : *(यूँ ही कुछ चिड़चिड़े स्वर में)* पहले चाय ले।

[फ़ोन फिर बजने लगता है। काका साहब और सरिता देख रहे हैं। जयसिंह अब फ़ोन का कनेक्शन

निकाल कर फ़ोन, सिगरेट, पर्स, ऍश पॉट लेकर ऊपर जाता है।]

जयसिंह : मैं ऊपर हूँ। चाय भेजो।
(ऊपर चला जाता है।)

सरिता : *(वह अदृश्य होने के बाद)* कमला बाई *(चाय तैयार करने लगती है। कमला बाई आती हैं। कप भरकर)* यह चाय साहब को ऊपर पहुँचा दीजिए। *(कमला बाई चाय लेकर ऊपर जाती हैं।)* और सुनिए, मैंने दो साड़ियाँ निकाल रखी हैं, उन्हें ले आइए।
[कमला बाई 'हाँ' कहकर जाती हैं।]

काका साहब : रात में सोयी नहीं लगता है?

सरिता : *(कहने के लिए कहा)* सोयी। नींद कुछ बेचैन थी।
[काका साहब निगाहों से 'हूँ' कहते हैं। उसके सामने अख़बार रखते हैं। वह एक-एक कर कैज्युअली देखती है।]

काका साहब : क्या लगता है तुम्हें?

सरिता : और चाय चाहिए क्या आपको? केट्‌ल में है। मुझे नहीं चाहिए, इसलिए पूछ रही हूँ।

काका साहब : नहीं। मुझे जवाब चाहिए।

सरिता : *(उठते हुए)* काम पड़े हैं। देर से नींद खुली।
(सरिता जाने लगती है।)

काका साहब : आज मैं लौट रहा हूँ।

सरिता : *(रुककर)* अं?

काका साहब : यूँ ही समय गँवाने का कोई मतलब नहीं। तुम्हारी चाची भी उधर राह देख रही होगी। आजकल अकेले रहना मुश्किल लगता है उसे...लो ब्लड प्रेशर की तकलीफ़ शुरू हो गयी है।
[सरिता उनकी आँखों में झाँकती है। दोनों की नज़रें टकराती हैं। सरिता सब समझती है।]

काका साहब : सचमुच।
[सरिता को अफ़सोस है]

काका साहब : सुविधानुसार सम्भव हो तो जयसिंह को फ़ोन तो करने को कहना, उस सेक्रेटरी को। काग़ज़ का कोटा हमारा। जल्दी की कोई बात नहीं, बताना।

[सरिता की उदासी दिखाई देती है।]

काका साहब : सुन तो, तुम्हारे कारण नहीं जा रहा मैं। जयसिंह के कारण भी नहीं। सचमुच वहाँ काम हैं।

[सरिता को यह सही नहीं लग रहा, यह स्पष्ट है। वह दर्शकों की ओर पीठ की हुई।]

काका साहब : अब तुम्हें कैसे समझाऊँ? *(देखकर सॉफ्टली)* पगली-रे-पगली! अरी ये क्या इस तरह। आँसू पोंछ।

सरिता : आज के दिन रुक जाइए।

काका साहब : क्यों? आज के ही दिन क्यों? ठीक है। ठीक है। रुकूँगा। तुम्हारे सामने कोई अपील नहीं।

सरिता : कमला बाई...

[कमला बाई ऊपर से साड़ियाँ लेकर आती हैं। सरिता उन्हें ब्रेकफास्ट की सूचना देती हैं। कमला बाई जाने लगती हैं।]

सरिता : कमला उठी?

कमला बाई : *(चेहरे पर नापसन्दगी)* नहाने गयी है।

सरिता : ये साड़ियाँ उसे पहुँचा दीजिए। उसे कहिए, जो चाहिए उसे पहन ले।

कमला बाई : *(नापसन्दगी से)* उसके लिए आपकी साड़ी?

सरिता : हाँ। क्यों?

[कमला बाई अपने चेहरे से नापसन्दगी दर्शाती चलती हैं। काका साहब ये सब सुन रहे हैं। कमला बाई जाते ही वे सरिता की ओर देखते हैं। नज़रें टकराती हैं।]

सरिता : आप बैठिए। मैं अभी आयी। धोबी के लिए कपड़े निकालकर रखने चाहिए। आपके देने हों तो दीजिए।

[सरिता ऊपर जाती है। विचार-मग्न काका साहब। डिस्कनेक्ट किया फ़ोन लेकर जयसिंह नीचे आता है।

कंधे पर टॉवेल। फ़ोन कनेक्शन लगाता है। टेंस लगता है।]

जयसिंह : कमला बाई

[कमला बाई आती हैं।]

आपसे कितनी बार कहा है, अख़बार मेरा पढ़ने के बाद तह करके वहाँ उस रैक पर रखते रहिए?

कमला बाई : *(नम्र होते फुसफुसाती हैं)* करने ही वाली थी...

जयसिंह : कब? कल? उठाइए वे अख़बार पहले...उठाइए...

[कमला बाई जयसिंह के कहे अनुसार अख़बार उठाकर तह करके उन्हें हॉल के रैक पर रखती हैं। काका साहब यह भी देख रहे हैं। जयसिंह को इसका अहसास है।] उस कमला से जल्दी सब निपटाकर तैयार होने के लिए कहिए। उससे कहिए कि निकलना है।

[कमला बाई यह सुनकर भीतर जाती हैं।]

काका साहब : *(न रोक सकने पर धीरे से)* कहाँ रे।

जयसिंह : नारी निकेतन में यहाँ का अनाथाश्रम। वहाँ उसकी व्यवस्था है।

[फ़ोन बजता है। जयसिंह उठता है।]

जयसिंह : *(फ़ोन पर)* हैलो...येस...*(उसका चेहरा टेंस होता जाता है।)* फ़ोन से उस दूसरे छोर से हैलो, हैलो सुनाई देता है। फिर शान्त। जयसिंह फ़ोन रखता है। जल्दी-जल्दी रसोई के दरवाज़े पर आकर चिल्लाता है।

कमला बाई, कितनी देर, हुआ कि नहीं उसका? जल्दी कीजिए।

[फिर फ़ोन बजता है। जयसिंह खड़ा है। काका साहब फ़ोन उठाएँ या नहीं इस विचार में, फिर उठाते हैं।]

काका साहब : *(रिसीवर में)* हाँ, जयसिंह की कोठी। आप कौन बात कर रहे हैं जी? इंस्पेक्टर माधोसिंह। नीति बाग

पुलिस थाने से? *(जयसिंह की ओर देखते हैं। वह गर्दन हिलाता है। काका साहेब को सिच्युएशन समझ में आयी। वे फ़ोन में)* वो स्नान कर रहे हैं। *(सुनकर)* अर्जेंट है? अच्छा, मैसेज दूँगा। मेरा नाम शिवाजी राव मोहिते है। ठीक है।

(रिसीवर रखते हैं। गम्भीर। ऊपर से धोबी के लिए कपड़े लेकर सरिता आती है।)

काका साहब : नीति बाग़ पुलिस थाने से फ़ोन आया था।

सरिता : *(कंसंर्ड)* क्या?

काका साहब : जयसिंह से उनका कुछ अर्जेंट काम है। नहाने के बाद बाहर आते ही फ़ोन कीजिए, यह सन्देश दिया है।

[सरिता कुछ बोलती नहीं, पर वह गम्भीर है।]

सरिता : किस बारे में है यह सब, मालूम होगा?

जयसिंह : कल की प्रेस कॉन्फ्रेंस की आफ़त...

सरिता : समझ में नहीं आया।

जयसिंह : डोंट बी दैट स्टुपिड। मैंने कमला को नीलामी में ख़रीदा है। यह पुलिस में अपराध है।

सरिता : आपने वह बिहार में किया है। नीति बाग़ की पुलिस से इसका क्या सम्बन्ध?

जयसिंह : बिहार की पुलिस की सूचना पर दिल्ली की पुलिस कार्रवाई कर रही होगी। इतना समझता नहीं तुम्हें?

काका साहब : ये क्या तुम्हें गिरफ़्तार करना चाहते हैं?

जयसिंह : वह आगे की बात है। फिलहाल उन्हें कमला का क़ब्ज़ा चाहिए।

सरिता : कमला को उनके क़ब्ज़े में नहीं देना है।

जयसिंह : वह देखना होगा। फिलहाल तो हम उसे पुलिस के हाथ नहीं लगने देंगे।

[फ़ोन बजने लगता है। जयसिंह अपेक्षा से काका साहब की ओर देखता है। वे गर्दन घुमा लेते हैं। सरिता आगे आती है।]

जयसिंह : *(सरिता से)* रुको, मत उठाओ। उन्हीं का होगा। *(स्वयं जाकर रिसीवर पिन पर से उठाकर निकालकर रख जाता है। फिर इरादा बदलकर रिसीवर पर हाथ रखकर सरिता से)* नहीं तो उठा। और वो इंस्पेक्टर होगा तो उसे कहना कि मैं घर से बाहर हूँ। कहाँ गया, मालूम नहीं। हँऽ बोलो।

[सरिता पहले स्टिफ। फिर उसके हाथ से रिसीवर लेती है। उसके कहे अनुसार रिसीवर में कहती है।]

[रिसीवर रखती है। छुटकारे का नि:श्वास छोड़ते हुए जयसिंह पीछे मुड़ता है। कमला दिखती है। कमला भीतर से बाहर आयी हुई। उसने सरिता की एक साड़ी पहनी हुई पोलका पहने हुए पर अपनी पद्धति से। सब देखते रह जाते हैं। जयसिंह के चेहरे पर हँसी आती है। वह ठठाकर हँसने लगता है।]

सरिता : *(आहत होकर)* क्या हुआ?

जयसिंह : हाउ एट्राशस! केवल तुम्हें ही यह सूझ सकता है।

काका साहब : अच्छी लगती है क्या रे। कल कितनी आफ़त आ गयी थी बेचारी पर। *(कमला से)* वाह कमला, तुम कितनी प्यारी दिख रही हो।

[कमला आँचल में मुँह छिपाकर लजाती है।]

जयसिंह : चलो कमला जल्दी से अपना सामान लेकर आओ।

[कमला का अचानक पुतला हो जाता है।]

सामान कहाँ है तुम्हारा? हमें जाना है।

कमला : *(कमज़ोर आवाज़ में)* लौट के याँ नई आना?

जयसिंह : अब वहाँ ही तुम्हें रहना है कमला, जहाँ हम जा रहे हैं।

[कमला स्तब्ध। पुतला।]

अच्छी जगह है वो, इससे भी अच्छी है।

सरिता : अनाथाश्रम में ले जा रहे न उसे? फिर वह यहाँ से अच्छा कैसे होगा?

जयसिंह : उसे अच्छा लगे इसलिए कहा।

सरिता : उसे धोखा दे रहे हैं आप।

जयसिंह : बहुत ख़राब नहीं वह। उसे अच्छा लगेगा।

सरिता : किस आधार पर?

जयसिंह : तुम्हारे साथ बहस करने के लिए मेरे पास समय नहीं है। कमला, सामान ले के आओ फ़ौरन।

[कमला परेशान]

सरिता : *(अब धैर्यपूर्वक)* कमला आयेगी नहीं आपके साथ।

जयसिंह : मज़ाक बस। चलो कमला...*(सरिता से)* तू भीतर से गठरी ले आओ जाकर इसकी...

सरिता : कमला सचमुच आने नहीं वाली। वह यहीं रहेगी।

जयसिंह : यहीं रहेगी? डोंट बी एब्सर्ड

सरिता : मैं मन से कह रही हूँ। कमला यहीं रहने वाली है।

जयसिंह : *(टेंस्ड अप)* यह किसने तय किया?

सरिता : मैंने तय किया।

जयसिंह : *(सॅरकॉस्टिक)* यहाँ रहकर क्या करेगी कमला?

सरिता : *(एक क्षण रुककर, फिर)* कमला बाई हैं वैसी रहेगी।

जयसिंह : आर यू गॉन नट्स ऑर समथिंग? दिमाग़ ठिकाने पर है न तुम्हारा?

सरिता : विचार किया है मैंने इस पर। कमला और मेरी बात हो गयी है।

जयसिंह : कमला बाई, कमला की पोटली लाइए...चलिए...

[कमला बाई भीतर से कमला की पोटली ले आती हैं।]

सरिता : *(कुछ दृढ़ता से)* कमला बाई, इसे भीतर ले जाकर रखिए।

[जयसिंह टेन्स्ड अप। कमला बाई दुविधा में]

जयसिंह : इधर, दीजिए इसे कमला बाई...

[कमला बाई उसके हाथ में वह पहुँचा देती हैं।]

जयसिंह : *(कमला के हाथ में पोटली देते, सरिता से)* इट्स आई हू टेक्स डिसिजंस इन दिस हाउस एंड नो एल्स। समझी? चलो कमला... *(सरिता से)* रात को आऊँगा मैं...फ़ोंस आये तो ऑफ़िस में डाइरेक्ट करो और लिखकर रखो।

[दरवाजे तक पहुँचता है। कमला अभी जहाँ खड़ी थी वहीं पोटली हाथ में थामे गर्दन नीची किये खड़ी।]

बहरी हो कमला? चलो...

[कमला खींचने-सी दरवाज़े की ओर जाती है।]

(काका साहब के अस्तित्व का अहसास मन में होने के कारण उन्हें कुछ सौम्य स्वर में) कमला को घर में नहीं रख सकते। क्योंकि ऐसा करने से कमला को ख़रीदने का केस का फ़ैसला हमारे ख़िलाफ़ जायेगा। मुझे जेल की सज़ा भी हो सकती है। इसके लिए कमला को अनाथाश्रम में ही रहना चाहिए। पुलिस उसका क़ब्ज़ा माँगेंगे, उस दृष्टि से भी अनाथाश्रम में वह रही तो कोर्ट में हमारी दलील को वज़न रहेगा। इट्स गोइंग टु बी ए लांग ड्रॉन बैटल नाऊ...

[काका साहब गर्दन हिलाते हैं, मानो समझ गये हों। पर वातावरण में टेंशन।]

जयसिंह : *(सरिता की ओर एकबारगी देखता है और काका साहब से)* बाय...मैं रात को आऊँगा...

[जाता है। पीछे-पीछे निकली कमला एक बार मुड़ कर घर की ओर देखती है। हाथ में उसकी पोटली। खींचकर ले जाने जैसी निकल जाती है। सरिता पुतले की तरह देखते खड़ी। बाद में वैसी ही खो जाने जैसी।]

कमला बाई : अच्छा हुआ गयी वह। अच्छी चाल-चलन की नहीं थी।

[सरिता उन्हें एक शार्प कटाक्ष देती है। वे भीतर जाती हैं। सरिता और काका साहब की नज़रें टकराती हैं। सरिता नज़र बचाती हैं। विलक्षण बेचैन।]

काका साहब : वैसे बिल्कुल ही ग़लत नहीं हैं उसके दिये कारण। उनके शतरंज में कमला तो केवल एक प्यादा है।

सरिता : केवल कमला ही नहीं काका साहब। *(आवेग रोकने की कोशिश)* अकेली कमला नहीं, काका साहब, मैं भी...मैं भी...

[प्रकाश मन्द होते-होते अँधेरा।]

[प्रकाश। शाम का समय। दीये-बाती का समय। ड्राइंग रूम में कोई नहीं। कमला बाई और पीछे-पीछे जयसिंह बाहर के दरवाज़े से आते हैं।]

जयसिंह : क्या कर रही है बाई साहब?

कमला बाई : ऊपर लेटी हैं।

जयसिंह : *(टेलीफ़ोन के पास जाकर वहाँ के पैड पर कुछ फ़ोंस लिखे हैं क्या, यह देखते।)* लेटी हैं? दोपहर में मैंने फ़ोन पर सन्देश दिया, वह बताया गया उन्हें?

कमला बाई : तो! तुरन्त ऊपर जाकर बताया कि साहब ने कहा है कि शाम को पार्टी के लिए जाना है। सात बजे तक तैयार रहें।

जयसिंह : *(साइडबोर्ड की ओर जाते हुए)* पार्टी के कपड़ों में हैं?

कमला बाई : नहीं। सुबह जो पहने थीं, वैसी ही हैं। कमरे से बाहर आयी भी नहीं।

जयसिंह : *(बोतल, गिलास बाहर निकालते)* तबीयत ठीक नहीं है क्या?

कमला बाई : पता नहीं। कुछ कहा नहीं।

जयसिंह : काका साहब कहाँ हैं?

कमला बाई : *वे दोपहर में बाहर गये तो अब तक नहीं लौटे।*

[जयसिंह छोटा पैग तैयार करता है। जाकर टेप-डेक शुरू करता है। कंफर्टिंग म्यूज़िक। जयसिंह सोफ़े पर बैठ जाता है।]

कमला बाई : क्या चाय...कॉफी?

जयसिंह : ये मेरे हाथ में क्या दिखता है? ऊपर से चाय-कॉफी क्या पूछती हैं? जाइए बाई जी को बताइए, मैं आ गया हूँ। कहिए, जल्दी चलना है और आते समय मेरा नीला कोट लाइए। उससे पूछिए वह देगी।

[कमला बाई ऊपर जाती है।]

(फुसफुसाता है) स्टुपिड!

[जयसिंह रिलेक्सड्। ऊपर से सरिता आराम से आती है। सुबह थी उसी घरेलू कपड़े पहने हुई। उसके हाथ में कोट। पीछे-पीछे कमला बाई नीचे आकर भीतर जाती हैं।]

जयसिंह : *(वह आ रही है, इसका अहसास, उसकी ओर मुड़कर न देखते)* हाय।

[सरिता का रिस्पांस नहीं। वह सोफे की पीठ पर कोट रखती है।]

(उसकी ओर देखते हुए) आइ सेड, हाय!

(सरिता फिर भी रिस्पांस देती नहीं।)

तबीयत ठीक नहीं क्या तुम्हारी? नाऊ गेट रेडी, क्विक...*(घड़ी देखते)* वी स्टार्ट एट क्वार्टर पास्ट सेवन। एक्ज़ेक्टली ट्वेंटी मिनिट्स टु गो। त्रिवेन्द्रम् से मैंने वो जो साड़ी लायी है, उसे पहन। अब तक पार्टी में उसे पहनकर गयी नहीं तुम और चेहरा सुधार। आज का क्राउड हमेशा से कुछ अलग होगा। यू नो, नैशनल गिनरल कॉर्पोरेशन का मैनेजिंग डाइरेक्टर आने वाला है वहाँ। 17 करोड़ के फ्रॉड के प्रकरण की बड़ी मछली। आई वांट टु टॉक टु हिम ओवर ड्रिंक्स। कुछ मिला तो देखेंगे। *(पैग ख़त्म कर उठता है।)*

सरिता : *[अपनी जगह पर बैठी रहकर]* कमला का क्या हुआ?

[जयसिंह इसे अनसुना कर देता है।]

जयसिंह : *(नापसन्दगी से गुर्राते हुए)* इट्स सेवन ट्वेंटी। जा, जल्दी तैयार हो...

[सरिता उठती नहीं।]

सरिता : *(ज़ोर देकर)* कमला का क्या हुआ?

जयसिंह : कमला का? क्या होगा? वह है नारी निकेतन में। पुलिस उसका पक्ष कल कोर्ट के सामने रखेगी। वह सब अब हमारा वकील देखेगा। पहले तुम तैयार तो हो जाओ...वी आर ऑलरेडी लेट...

(जयसिंह फ़ोन की ओर जाता है। नम्बर घुमाता है।)

जयसिंह : *(रिसीवर में)* प्रेस क्लब? कौन, चड्ढा? मैं जयसिंह बोल रहा हूँ। भाई ज़रा हमारे एडिटर साब वहाँ बैठे होंगे तो फ़ोन पर बुलाना। हाँ, वेट करता हूँ। *(सरिता से)* कल शायद मुझे आन्ध्र की ओर जाना पड़ेगा। गोंड-आदिवासियों की एक सभा पर पुलिस ने बहुत गोलियाँ चलायीं। सभा को चारों ओर से घेरकर बंदूक़ें चलवाई गयीं, ऐसा कहते हैं। नौ से दस लोगों की मृत्यु हुई होगी। ऐसा अनुमान है। कहते हैं सौ से ऊपर लोग ज़ख़्मी हुए हैं। *(रिसीवर में)* हाँ, चड्ढा? वे आये नहीं? अच्छा, कोई बात नहीं, आइ विल कंटेक्ट हिम आफ्टरवर्ड नो प्राब्लेम, थैंक यू चड्ढा...*(रिसीवर रखता है।)* कत्लेआम कहते हैं वह और क्या होता है।

[सरिता वैसे ही बैठी रही]

(मुड़कर उसे देखते हुए) तुम्हें पार्टी में आना नहीं है क्या?

सरिता : नहीं।

जयसिंह : पार्टी में आना नहीं है? क्यों?

सरिता : मेरी मर्ज़ी।

जयसिंह : *(कुछ आश्चर्य व्यक्त कर)* तुम्हारी मर्ज़ी?

सरिता : नहीं होनी चाहिए?

जयसिंह : *(व्यंग्यात्मक स्वर में)* अब तक कभी दिखी नहीं। आना नहीं था तो पहले ही वैसा बताना तो था यानी मैं, हम दोनों आ रहे हैं, यह कहा न होता।

सरिता : मुझसे पूछा था?

जयसिंह : ऑफ कोर्स। कमला बाई के पास सन्देश दिया था।

सरिता : इसे पूछना नहीं कहते।

जयसिंह : तुम मुझे पलटकर फ़ोन कर सकती थी।

सरिता : मेरे फ़ोन पर आने तक आप रुक सकते थे।

जयसिंह : मैं काम में था।

सरिता : आपको फ़ोन करने का मुझमें उत्साह नहीं था।

जयसिंह : आज ही तुम्हारे उत्साह को क्या हुआ?

सरिता : *(पॉइंटेड्ली)* सुनना है?

जयसिंह : इसे रहने दे, पहले तुम आती हो या नहीं, एक बार तय कर ही लें...

सरिता : यह कब का तय हो चुका है।

जयसिंह : नहीं आना है? ओ.के. तुम्हारी मर्ज़ी। मुझे जाना ही होगा। चलता हूँ फिर मैं। रात में आने में मुझे देर हो जायेगी, तुम मत जागना। लैच की चाबी मेरे पास है। बॉय...

[जयसिंह जाता है। कार जाने की आवाज़। सरिता सोफ़ा पर वैसी ही बैठी हुई। काका साहब बाहर से आते हैं। पहले सरिता दिखाई नहीं दी।]

काका साहब : क्या ये दिल्ली की सड़कें भी...*(सरिता की ओर ध्यान जाकर)* कौन? सरिता? क्यों री, ऐसी चुपचाप बैठी है? तुम्हें चुपचाप बैठे मैं पहली बार देख रहा हूँ। तबीयत तो ठीक है? *(पास आकर माथे को हाथ लगाकर देखते हैं)* बुख़ार तो नहीं लगता। सिर दुखता है?

सरिता : होगा तो दुखेगा।

काका साहब : तुम्हें सिर नहीं है? फिर वह है ही किसके पास?

सरिता : अभी एक सज्जन यहाँ से गये...उन्हें।

काका साहब : सज्जन? कौन सज्जन? मुझे तो कोई नहीं मिला।

सरिता : मुझे मिले।

काका साहब : पहेलियाँ मत बुझाओ। सीधे-सीधे बताओ तो क्या कहना है।

सरिता : जाने दीजिए। *(कुछ रुककर)* मैं एक बात सोचती हूँ।

काका साहब : क्या? घर में एकाध पार्टी-वार्टी?

सरिता : प्रेस कॉन्फ्रेंस

काका साहब : प्रेस कॉन्फ्रेंस? क्यों री, तुम्हें लग गयी छूत की बीमारी?

सरिता : प्रेस क्लब में प्रेस कॉन्फ्रेंस। दिल्ली के एक-एक कर सारे अखबार वाले वहाँ आने चाहिए।

काका साहब : किस बारे में तुम्हारी प्रेस कॉन्फ्रेंस?

सरिता : मेरी इस प्रेस कॉन्फ्रेंस में 81 साल में दिल्ली शहर में ग़ुलाम रखने वाला व्यक्ति मैं प्रस्तुत करूँगी। जयसिंह जाधव। मैं बताऊँगी, यह आदमी स्वतन्त्रता का बड़ा हिमायती है और यह ग़ुलाम लाकर इस्तेमाल करता है। ग़ुलाम भी आदमी होता है, यह मान्य नहीं। यह उसे उपयोगी वस्तु समझता है, उपयोग होने के बेखटके फेंक देता है। यह ज़ुल्मों का कट्टर विरोधक कहलाता है, पर पास के ग़ुलामों पर वह मनमानी ज़ुल्म ढाता है और इसका उसे कुछ भी लगता नहीं, कुछ भी नहीं...कमला नामक ग़ुलाम को इसने ख़रीदकर किस तरह इस्तेमाल किया, उसकी कहानी सुनिए। दूसरा ग़ुलाम तो ज़ाहिर है मुफ्त में मिला...ग़ुलाम के बाप ने ही बड़ी रक़म चुकायी...उसका उसने क्या किया उसे सुनिए...

(बेकाबू सिसकी फूट पड़ती है; उसे निगलते हुए) सॉरी।

काका साहब : *(चिन्तातुर होकर)* सरिता, यह क्या चल रहा है तुम्हारे मन में?

सरिता : कहा न, सॉरी।

काका साहब : जयसिंह के बारे में ऐसा लगता है तुम्हें?

सरिता : यह तो बहुत कम सुना आपने। अभी और बहुत कुछ है।

काका साहब : किसी को लगेगा कि जयसिंह तो कोई खलनायक ही है!

सरिता : किसी को नहीं, मुझे लगता है।

काका साहब : ऐसा क्या हुआ तुम दोनों के बीच?

सरिता : गृहस्थी

काका साहब : वह तो 10 वर्षों से चल रही है। आज ही क्यों आया यह तुम्हारे मन में?

सरिता : इससे पहले क्यों नहीं आया, पूछते हैं? मैं सोयी थी। मैं जागकर भी बेहोश थी। कमला ने मुझे जगाया। झिंझोड़कर जगाया। कमला ने मुझे सब दिखा दिया। उसके कारण मुझे साफ़ दिखाई दिया कि जिसे मैंने जीवन-साथी माना वह ग़ुलामों का मालिक है। मैं पत्नी नहीं, उसका एक ग़ुलाम हूँ। इस घर में मेरा कोई अधिकार नहीं है। क्योंकि मैं ग़ुलाम हूँ। ग़ुलामों के अधिकार नहीं होते हैं न काका साहब? उन्होंने सिर्फ़ खटना है। मालिक की इच्छानुसार नाचना है। वह बोला कि हँस, तो हँसना है। वह बोला, रो तो रोना है। वह बोला कि फ़ोन उठा तो उठाना है। वह बोला कि पार्टी के लिए चल तो चलना है। वह बोला कि बिस्तर पर लेट तो...*(आवेग से फूट पड़ती है)*।

काका साहब : सरिता, तुम्हारी कुछ तो बहुत अनबन हो गयी है...

सरिता : और फिर कभी वह ठीक होना नहीं है। काका साहब, यह घर इसके बाद कभी भी मुझे मेरा लगने वाला नहीं है।

काका साहब : सुनो! जयसिंह वैसे कुछ अलग नहीं है, वह दूसरे पुरुषों की तरह ही है। तुम्हें नाहक लगता है कि वह बहुत दुष्ट व्यक्ति है। पुरुष है तो अपने कर्तृत्व का अहंकार होता ही है। फिर वह कर्तृत्व कितना ही छोटा क्यों न हो। उस हिसाब से जयसिंह पराक्रमी है। उसके अपने क्षेत्र में उसका एक नाम है। उसे जो मिला है वह उसने अपने बल पर हासिल किया है।

सरिता : और इसलिए उसे ग़ुलाम रखने का हक़ है। *(आवेग से)* क्यों? आदमी बड़ा होता है, तो वह बड़ा आदमी क्यों नहीं बनता? उसका 'मालिक' क्यों हो जाता है?

काका साहब : सरिता, तुम जो पूछ रही हो, उसका उत्तर एक ही है। वह वैसा ही है। इसलिए वह 'पुरुष' है और इसलिए इस दुनिया में 'पुरुषार्थ' है। अरी मैं भी ऐसा ही था...अब लगता हूँ, उस पर मत जाओ। तुम्हारी चाची को मैंने ख़ूब तकलीफ़ दी है। पूरे अधिकार से दी। उसे क्या महसूस होता होगा, इसकी कोई चिन्ता नहीं की। मैं अपना आगे बढ़ता रहा। पीछे-पीछे वह घिसटती ही क्यों न हो, आयेगी इसका विश्वास था। आयी बेचारी।

सरिता : उसी तरह सरिता, तू अपने मालिक के पीछे चुपचाप जा। ऐसा जाना, यही तुम्हारा धर्म है।

काका साहब : तकलीफ़देह है, पर यह सच है। दुनिया चलनी होगी, तो गृहस्थी की गाड़ी चलनी चाहिए और वह चलनी है, तो यह ऐसी ही चलनी चाहिए।

सरिता : क्यों? पुरुष क्यों नहीं घिसटता हुआ पीछे आये? स्त्री क्यों नहीं एक बार तो मालिक बने? कम-से-कम

वह क्यों नहीं, इन्सान के लायक की दुनिया माँग सकती? पुरुषार्थ करने का अधिकार, क्या तो वह पुरुष है इसलिए? उसे एक अलग इन्द्रीय दी गयी है इसलिए? स्त्री भी पुरुषार्थ कर सकती है।

काका साहब : उसे पुरुषार्थ नहीं कहते।

सरिता : पुरुष करे वह पुरुषार्थ। फिर वह लोगों के बर्तन माँजे, फिर भी वह पुरुषार्थ।

काका साहब : ऐसा है।

सरिता : यह बदलना चाहिए, जो पुरुषार्थ करता है, वह पुरुष; फिर उसका लिंग कोई भी क्यों न हो। पुरुषार्थ करती नहीं वे स्त्रियाँ और उनमें कोई दाढ़ी-मूँछ वाले भी होंगे। देश का प्रधानमन्त्री बनना पुरुषार्थ नहीं है? और इस प्रधानमन्त्री के पुरुषार्थ के कारण परेशान होकर उसके पैरों पर लोटना स्त्रेण नहीं तो और क्या है?

काका साहब : तुम बहुत नाराज़ हो। प्रौढ़ता में व्यक्ति विकार से नहीं विचार से व्यवहार करे। समझदारी से जीना होता है।

सरिता : पर वह स्त्री ही क्यों?

काका साहब : ग़लत धारणा है तुम्हारी। फिर बच्ची, पुरुष की फ़ज़ीहत...क्या कहते हैं, उसे आजकल के लड़के?...फ़ज़ीहत ना?...क्या होती ही नहीं? तब उसे भी इसका घूँट पीकर ही रहना पड़ता है, गोमुख में हाथ डालने पर ठंडा लगता ही है इसलिए यह कहना ही पड़ता है, फिर वह पुरुष हो या स्त्री हो।
[दरवाज़े की बेल ज़ोर से बजती है। फिर बजती है। इतने में फ़ोन भी बजता है।]

सरिता : एक सेकेंड। मैं देखती हूँ कौन आया है...।
[दरवाज़े की ओर जाती है। सरिता और जैन दरवाज़े की ओर से आते हैं। इस दौरान फ़ोन का बजना बन्द।]

जैन : *(टेंस। एक्साइटेड)* गड़बड़-घोटाला हो गया भाभी जी। जयसिंह से तुरन्त मिलना चाहिए। मुझे मालूम होते ही मैं तपाक् से यहाँ आया।

सरिता : क्या है? क्या हुआ?

जैन : ही हैज बीन सेक्ड फ्राम हिज़ जॉब।

सरिता : *(अविश्वास से)* क्या?

काका साहब : क्या कहा आपने?

जैन : नौकरी से निकाल दिया मालिक ने जयसिंह को।

[सरिता चकित-सी खड़ी।]

काका साहब : अचानक? पहले पूर्व-सूचना दिये बिना?

जैन : अभी शाम को फ़ैसला हुआ। कल सुबह उसे लेटर मिलेगा। मुझे ख़बर लगते ही मैं भागता आया। रास्ते में प्रेस क्लब गया; लगा था कि वहाँ होगा। यहाँ पहले ही ख़बर पहुँच चुकी थी। चर्चा चल रही थी।

काका साहब : किस कारण निकाला गया वह नौकरी से?

जैन : मालिक पर प्रेशर है। मालूम हुआ कि बहुत ऊँचे पदों पर बैठे लोग इस फ्लेश मार्केट के पीछे हैं।

काका साहब : पर इतना अच्छा काम करने वाला आदमी...मालिक के अख़बार को उसके कारण प्रतिष्ठा है...।

जैन : बड़े अख़बारों को प्रतिष्ठा आदि कुछ नहीं होती, काका साहब, उसकी केवल खपत होती है और विज्ञापन होते हैं। और एक नफ़ा या घाटा होता है।

काका साहब : अजी, पर पत्रकारों की नौकरी का क़ानून होता है... इस तरह आनन-फानन में कैसे कोई किसी को निकाल सकता है? अपराध क्या है जयसिंह का? ऐसी क्या ग़लती उसने की है?

जैन : ग़लती कहें तो, ग़लत लोगों से वह टकराया। ग़लत निहित-स्वार्थों को उसने चोट पहुँचाई।

काका साहब : उसकी जाँच हो सकती है। जयसिंह को सफ़ाई देने का अवसर मिलना चाहिए। उसे एकाएक नौकरी से कैसे निकाल सकते हैं?

जैन : आप मुझे ऐसे बता रहे हैं, जैसे मैं ही मालिक होऊँ। आप कह रहे हैं, यह मुझे कहाँ अमान्य है? पर मालिक ने फ़ैसला लिया है। भाभी जी बतायें, कहाँ है पार्टी, फ़ोन है वहाँ? होगा तो उसे यहीं बुला लेंगे। अगला प्लॉन ऑफ एक्शन क्या हो, यह तुरन्त तय करना होगा।

[सरिता फ़ोन के पास जाती है। डायरी से नम्बर खोज कर फ़ोन लगाती है। फ़ोन पर उस छोर पर कोई आता है। उससे जयसिंह को बुलाने के लिए हिन्दी में कहती है। सरिता जयसिंह का फ़ोन पर आने का इन्तज़ार करती है। वह टेंस। काका साहब और जैन एक्साइटेड। क्रमशः अँधेरा।]

[प्रकाश। कुछ समय बीत गया है। काका साहब, जैन और सरिता जयसिंह का इन्तज़ार कर रहे हैं। अलग पोजिशंस। दरवाज़े की बेल बजती है। सरिता तत्परता से दरवाज़े की ओर जाती है। जयसिंह को लेकर आती है।]

जयसिंह : क्या हुआ? क्यों बुलाया मुझे? कौन, जैन? तू यहाँ कैसे?

सरिता : *(उसे बैठाते हौले से)* बैठिए यहाँ। क्या लेंगे जैन? जिन, व्हिस्की...*(जयसिंह से)* आपको क्या अच्छा लगेगा?

जयसिंह : *(उसकी ओर बिना देखे)* व्हिस्की विथ वॉटर। *(जैन से)* व्हाट इज इट? क्या है?

[सरिता साइडबोर्ड की ओर जाती है। ड्रिंक्स तैयार करती है। जैन पाइप सुलगाता है।]

व्हाट इज इट जैन? पार्टी से बुलाया मतलब विशेष होना चाहिए...

जैन : विशेष है ही। तुम्हारे कान पर कुछ भी नहीं!

जयसिंह : किस बारे में? कमला के बारे में तो कुछ नहीं?

जैन : ओ, नो।

जयसिंह : फिर? फिर क्या है?

जैन : वेट, तुम्हें मालूम होगा ही। ज़रा सेट्ल डाउन तो हो यार।

जयसिंह : हो गया। अब बताओ पहले बात क्या है?

[सरिता ड्रिंक्स सर्व करती है।]

सरिता : आपको सादा लेमोनेड वग़ैरह कुछ दूँ?

काका साहेब : *(व्यग्रता से)* नहीं।

जयसिंह : *(सबसे)* अरे क्या है वह बोलिए न?

सरिता : आपकी नौकरी के बारे में है।

जयसिंह : नौकरी के बारे में?

सरिता : *(कुछ मज़ाकिया स्वर में)* आपके मालिक ने आप पर ख़ुश होकर आपको नौकरी से निकालने का फ़ैसला लिया है।

जयसिंह : मुझे? यू आर जोकिंग।

सरिता : जोक ही है, पर मालिक ने इसे सच करना तय किया है, ऐसा जैन कहते हैं।

[जयसिंह जैन की ओर देखता है।]

जैन : मुझे थोड़ी देर पहले मालूम हुआ। सीधे तुम्हें ढूँढ़ने प्रेस क्लब गया तो वहाँ ख़बर पहुँच चुकी थी। वैसे अभी तक वह गोपनीय है...

जयसिंह : *(अब भी विश्वास नहीं हो रहा पर आसपास की गम्भीरता देखकर)* सच कह रहे हो? कि कुछ मज़ाक चल रहा है?

जैन : अभी शाम को हाई लेवल मीटिंग हुई। तुम्हारी जानकारी के लिए : तुम्हारा सम्पादक मीटिंग में हाज़िर था। और कौन थे यह मुझे अभी तक मालूम नहीं, पर कल सुबह तुम्हें लेटर देना तय हो गया है। उसका ड्राफ्ट भी तैयार है।

जयसिंह : *(झटके से उठकर)* इट जस्ट कैनॉट बी। *(गिलास की सारी व्हिस्की गले के नीचे उतार देता है। मुड़कर जैन को)* तुझे किसने बताया?

जैन : मुझे मुश्किल में मत डालो। नाम मैं बताऊँगा नहीं, पर इतना बताता हूँ कि ख़बर सौ टक्का रिलायबल है। सच्ची।

जयसिंह : *(फ़ोन की ओर जाता है)* लेट मी आस्क माई एडिटर...*(रुकता है। जैन से)* या उन्होंने ही तुम्हें ख़बर दी है?

[जैन चुप। जयसिंह फ़ोन डायल करने लगता है]

जैन : वह दिल्ली में नहीं है। अभी की फ्लाइट से मुम्बई गया होगा।

(जयसिंह फ़ोन करना छोड़ देता है। चक्कर काटता है शेर की तरह।)

जयसिंह : *(चक्कर काटते गुर्राता है)*...नो...नो...

(फिर फ़ोन की ओर जाता है। इरादा बदलकर फिट चक्कर काटता है। साइडबोर्ड की ओर जाता है। नया पैग तैयार कर उसका बड़ा घूँट लेता है।)

सरिता : *(धीरे से)* खा लेंगे क्या थोड़ा? खाते-खाते डायनिंग टेबल पर बात करें...*(जैन को इशारा करती है।)*

जैन : *(हिंट लेकर)* ओ यस। डायनिंग टेबल पर बैठेंगे। आ रे

(स्वयं डायनिंग टेबल की ओर जाता है। बैठता है।)

कम जयसिंह...

[जयसिंह अपने ही ख़यालों में। हाथ में गिलास। सरिता यह देखते हुए भीतर जाती है।]

जयसिंह : *(एक्साइटेड, टेन्स)* रादर इंटरेस्टिंग...दैट्स समथिंग...

काका साहब : मालिक की इस कार्रवाई पर बहुत आवाज़ उठेगी। मैं तुम्हें बताये देता हूँ जयसिंह। उसे यह पचेगा नहीं।

[सरिता भोजन लेकर भीतर से आती है। पीछे-पीछे कमला बाई। दोनों हाथ का सब कुछ डाइनिंग टेबल पर रखती हैं।]

काका साहब : अन्त में तेरे मालिक पर पछताने की नौबत आये बिना रहेगी नहीं।

सरिता : *(जयसिंह के पास जाकर धीरे से)* चलिए, खाते खाते बात करें। थोड़ा-सा खाएँ प्लीज। ये जैन भी खाना खा रहे हैं। *(उसे पकड़कर डाइनिंग टेबल की ओर लाती है।)* बैठिए यहाँ।

जयसिंह : *(एकदम वाइल्ड होते टेबल पर मुट्ठी पटकते हुए)* दि बास्टर्ड! डू यू हियर मी? ही इज़ ए बास्टर-दैट सेठ सिंघानिया! आइ विल टीच हिम ए लेसन!

[शराब उसके सिर चढ़कर नाच रही है, यह सब महसूस करते हैं।]

सरिता : ठीक है। बैठिए तो सही। थोड़ा-थोड़ा खाइए...

जयसिंह : *(दहाड़ते हुए उठता है)* नो। यू शट अप! लेट मी स्पीक, यू शट अप। व्हाट इज़ ही इमेजिन हिम सेल्फ टु बी व्हॉट इज़ ही? ए ब्लडी कैपिटेलिस्ट। ए स्विंडलर। ब्लैक मार्केटियर। इनकमटैक्स चोरी करने वाला साला। होमोसेम्सुअल। ए क्रिमिनल! मैं कल प्रेस कॉन्फ्रेंस लेकर उसका पर्दाफाश करूँगा। उसके घपले बाहर लाऊँगा। उसे नंगा कर दूंगा? आई विल टिअर टिम टु पीसेस.....दि डर्टी पिग!

जैन : *(उसके पास जाते हुए)* ये देख जयसिंह, अब ग़ुस्सा करने से कोई फ़ायदा नहीं। वी मस्ट प्लान समथिंग केयरफुली...

जयसिंह : केयरफुली बी डैमंड? आई एम गोइंग टु फक दैट स्काउंड्रल टुमॉरो।

सरिता : *(प्रेम से समझाते हुए)* अब पहले शान्त हो जाइए... चलिए थोड़ा खा लीजिए। वे काका साहब देखिए रुके हैं।

(जयसिंह किसी तरह डाइनिंग टेबल पास बैठता है।)

जयसिंह : *(बीच में ही भूत लगने-सा उसे धकेल देता है।)* नो, आई डोंट वांट टु ईट। नौकरी से निकालता है मुझे? मुझे जयसिंह जाधव को। उसका बाप आना चाहिए मुझे हाथ लगाने। आई एम गोइंग टु हैक दैड क्रॉकिंग आस टू पीसेस...ब्लडी बास्टर्ड...

(क्रम-क्रम से उसकी आवाज़ दरकने लगती है। हाथ-पैरों का नियन्त्रण जाता रहा और वह बेहोश होकर सोफ़े पर गिर पड़ता है। जैन काका साहब, सरिता, सब उठ खड़े देखते हैं। कुछ क्षण शान्ति।)

सरिता : थैंक यू सो मच, जैन। आप आये। रुके।

जैन : ओ, दैट्स नथिंग। ही गॉट ड्रंक सो सून! मुझे लगा था कुछ व्यवस्थित प्लान तो बना सकेंगे।

सरिता : पार्टी में पहले ही ले रखी होगी उसने, ऐसा लगता है। उसमें यह शॉक आ गया। अपने को नौकरी से कोई निकाल सकेगा, ऐसा कभी लगा नहीं होगा उन्हें।

जैन : हूँ। किसी को नहीं लगा होगा। आई वाज शॉक्ड।

काका साहब : कोर्ट में मालिक को अपना फ़ैसला बदलना पड़ेगा, मैं कहता हूँ।

जैन : इतना सही है कि इस बारे में आकाश-पाताल एक करना चाहिए। बुढ़िया के मरने का नहीं, यम के पहुँचने का डर है। जयसिंह को क्या, एक नहीं 10 जाब्स मिलेंगे। सवाल वह नहीं।

सरिता : एनी वे, थैंक्स अगेन।

जैन : *(जाते हुए)* कल सुबह उठने पर पहले मुझे फ़ोन करने के लिए कहें उसे। मैं राह देखूँगा।

सरिता : हाँ, हाँ।

[जैन और पीछे पीछे सरिता जाते करते दरवाज़े की ओर जाते हैं। काका साहब खड़े हैं। जयसिंह सोफे पर होश खोया हुआ। सरिता लौट आती है।]

काका साहब : यह पुरुष की फ़ज़ीहत। पुरुषार्थ की भी। समझी?

सरिता : इस कारण मैंने कहा वह ग़लत सिद्ध नहीं होता।

काका साहब : यानी अब भी तुम्हें वैसा लग ही रहा है।

सरिता : लगता रहेगा। पर फिलहाल मैं वह सारा मन के एक खाने में बन्द कर भूल जाने वाली हूँ। एक दिन ऐसा आयेगा कि उस दिन मैं ग़ुलाम होने से थम जाऊँगी, काका साहब। मैं तब इस्तेमाल कर फेंकने की वस्तु नहीं रहूँगी। अपनी इच्छा से मैं सब कुछ करूँगी। पर मुझ पर कोई हुक्म चला सकेगा नहीं। वह दिन ज़रूर आने वाला है, फिर उसके लिए जो भी क़ीमत मुझे चुकानी पड़ेगी, मैं चुकाऊँगी।

(काका साहब इसमें शान्त निश्चयों से अभिभूत)

जाइए, आप सोइए अब।

काका साहब : *(जयसिंह को दिखाते)* पहले इसे ऊपर बेडरूम में कैसे ले जाना है...

सरिता : *(जयसिंह का चेहरा देखते)* गहरी नींद में सारे मालिक कितने निष्पाप लगते हैं, है न? उन्हें यहीं रहने दीजिए। मैं हूँ न पास में।

काका साहब : गुड् नाइट।

सरिता : गुड् नाइट।

(काका साहब धीरे-धीरे अपने कमरे में जाते हैं। सरिता ड्राइंग रूम की एक-एक बत्ती बुझाती है, सिर्फ़ एक बत्ती जली रखती है। जयसिंह के पास आती है। उसके पैरों से धीरे से जूते उतारती है। सोफ़े के पास ज़मीन पर बैठती है। सोफ़े से टिकती है। श्रान्त आँखें मूँदती है। खोलती है। नज़रों में एक शान्त भाव। नज़र दूर भविष्य में टिकी हुई। चेहरे पर दृढ़ निश्चय)।

[परदा।]

❑❑❑